Fabian Frank

Soziale Netzwerke von (Spät-)Aussiedlern

Migration und Lebenswelten

Herausgegeben von Prof. Dr. Nausikaa Schirilla

Band 1

Fabian Frank

Soziale Netzwerke von (Spät-)Aussiedlern

Eine Analyse sozialer Unterstützung aus sozialarbeiterischer Perspektive

Centaurus Verlag & Media UG

Fabian Frank, geb. 1983, M.A. Soziale Arbeit, Dipl. Sozialpädagoge studierte an der Katholischen-Universität Eichstätt-Ingolstadt sowie an der Katholischen Hochschule Freiburg Soziale Arbeit. Das vorliegende Buch entstand als Masterthese im Rahmen seines Masterstudiums an der Katholischen Hochschule Freiburg. Fabian Frank ist derzeit als wissenschaftlicher Mitarbeiter am Universitätsklinikum Freiburg in der Abteilung Psychiatrie und Psychotherapie Sektion klinische Epidemiologie und Versorgungsforschung beschäftigt. Weiterhin ist er als freier Mitarbeiter am Institut für Praxisforschung und Projektberatung in München (IPP) sowie als Honorarmitarbeiter in den Referaten Zivildienst der Diakonischen Werke Baden und der Diakonischen Werke Württemberg tätig.

Bibliografische Informationen der Deutschen Nationalbibliothek
Die Deutsche Nationalbibliothek verzeichnet diese Publikation in der Deutschen Nationalbibliografie; detaillierte bibliografische Daten sind im Internet über http://dnb.d-nb.de abrufbar.

ISBN 978-3-86226-037-9   ISBN 978-3-86226-947-1 (eBook)
DOI 10.1007/978-3-86226-947-1

ISSN 2191-673X

Alle Rechte, insbesondere das Recht der Vervielfältigung und Verbreitung sowie der Übersetzung, vorbehalten. Kein Teil des Werkes darf in irgendeiner Form (durch Fotokopie, Mikrofilm oder ein anderes Verfahren) ohne schriftliche Genehmigung des Verlages reproduziert oder unter Verwendung elektronischer Systeme verarbeitet, vervielfältigt oder verbreitet werden.

© *CENTAURUS Verlag & Media KG, Freiburg 2011*

Umschlaggestaltung: Jasmin Morgenthaler

Umschlagabbildung: Vorlage des Autors

Satz: Vorlage des Autors

In Liebe und Dankbarkeit meinen Eltern gewidmet

Inhaltsverzeichnis

1. Einleitung...11

2. Sozialarbeitstheoretische Perspektive..16
   2.1. Soziale Arbeit...16
   2.2. Perspektivische Grundüberlegungen..17
       2.2.1. Perspektive I: Notwendigkeit ethischer Reflexionen..............17
       2.2.2. Perspektive II: Entwicklungskontext personaler Identität......18
       2.2.3. Perspektive III: Ressourcenorientierung................................19
   2.3. Ökosoziale Sozialarbeit..20
   2.4. Lebenslagenansatz..24

3. Netzwerktheoretische Perspektive...27
   3.1. Soziale Netzwerke..28
   3.2. Soziale Netzwerke in ihrer Ressourcenfunktion..............................31
       3.2.1. Konzept I: Starke und schwache Bindungen.........................32
       3.2.2. Konzept II: Sozialkapital..33
       3.2.3. Konzept III: Soziale Unterstützung..34
   3.3. Soziale Netzwerkarbeit..37

4. Russlanddeutsche (Spät-) Aussiedler..40
   4.1. Historische Hintergründe...40
       4.1.1. Auswanderung...40
       4.1.2. Zeit in Russland...41
       4.1.3. Rückwanderung...43
   4.2. Begriffsklärung: Russlanddeutsche (Spät-) Aussiedler...................44
   4.3. (Spät-) Aussiedlerzuzug in Zahlen..46
   4.4. Netzwerkbezogene Aspekte..48

5. **Empirische Vorgehensweise** 51

5.1. Fragestellung(en) 51

5.2. Zielgruppe der Datenerhebung 54

5.3. Methoden der Datenerhebung 54

5.3.1. Die problemzentrierte qualitative Befragung 55

5.3.2. Die qualitative Netzwerkanalyse EGONET-QF 56

5.3.3. Der Kurzfragebogen 58

5.4. Methode der Datenauswertung 58

6. **Darstellung der Ergebnisse** 60

6.1. Beschreibung der Stichprobe 60

6.2. Aussiedlungskontext 64

6.3. Selbsthilfemotivation und Hilfeüberzeugung 69

6.4. Persönliche soziale Netzwerke und soziale Unterstützung 70

6.4.1. Primärer Netzwerkbereich I: Familie 71

6.4.1.1. Sektorenbeschreibung 71

6.4.1.2. Soziale Unterstützung 75

6.4.2. Primärer Netzwerkbereich II: Freunde 79

6.4.2.1. Sektorenbeschreibung 79

6.4.2.2. Soziale Unterstützung 81

6.4.3. Primärer Netzwerkbereich III: Sonstige 83

6.4.4. Sekundärer Netzwerkbereich: Kollegen 86

6.4.5. Tertiärer Netzwerkbereich: Soziale Organisationen 88

7. **Ausblick** 89

7.1. Verdichtung der Ergebnisse 89

7.2. Sozialarbeitsperspektivische Analyse und Implikationen 94

7.3. Methodenkritik und Forschungsausblick 102

Anlagen **105**

Quellenverzeichnis **115**

1. Einleitung

Mit dem Fall des Eisernen Vorhangs und dem Ende des kalten Krieges in den ausgehenden 1980er Jahren begann eine Völkerwanderung aus den Staaten des ehemaligen Warschauer Paktes in den europäischen Westen (Noack 2008: S. 134). In diesem Zuge wanderten vor allem Nachfahren deutscher Kolonisten[1] – im Folgenden Russlanddeutsche genannt – aus den Gebieten der ehemaligen Sowjetunion als russlanddeutsche Aussiedler bzw. ab 1993 als russlanddeutsche Spätaussiedler in die Bundesrepublik Deutschland ein.[2] Mit einer Zuwanderung von ca. 2,3 Millionen Personen bis zum Jahr 2006 (Statistisches Bundesamt 2008: S. 17) stellen russlanddeutsche (Spät-) Aussiedler heute eine der größten Migrantengruppen in der BRD dar und bilden insofern auch eine ernstzunehmende Ziel- bzw. Anspruchsgruppe der Sozialen Arbeit. Hierdurch wird es erforderlich, dass sich die Soziale Arbeit mit wissenschaftlichen Erkenntnissen zu den Lebensrealitäten russlanddeutscher (Spät-) Aussiedler auseinandersetzt bzw. diesbezügliche Erkenntnisse generiert, um diese in die bedarfsgruppengerechte Konzeptionierung und Ausgestaltung ihrer Hilfeangebote einzubinden.

Im Zuge der ab den beginnenden 1990er Jahren verstärkt einsetzenden wissenschaftlichen Beschäftigung mit russlanddeutschen (Spät-) Aussiedlern wurden vor allem Aspekte der kulturellen Identität und der kulturellen Verortung in ihren Verbindungen zu Fragen der Integration in die Mehrheitsgesellschaft sowie zu traditionellen und familiären Lebensweisen und -kontexten diskutiert (vgl. bspw.: Dembon et al 1994; Ingenhorst 1997; Dietz/Roll 1998; Fuchs et al 1999; Reich 2005; Reitemeier 2006a; Retterath 2006; Noack 2008). Dabei weist die wissenschaftliche Diskussion häufig eine Defizitorientierung auf, nach der Integrationsprobleme in den Arbeitsmarkt bzw. das deutsche Bildungssystem (vgl. bspw.: Schafer et al 1995; Mammey/Schiener 1998; Janikowski 1999) sowie bspw. Gewaltneigung und Kriminalität oder Drogenproblematiken aufgrund von Integrationsproblemen thematisiert und als Gegenstand professioneller psychosozialer Dienste identifiziert werden (vgl. bspw.: Czycholl 1998; Luff 2000; Srur et al 2005; Ostendorf 2007; Schürmann 2007; Zdun 2007). Um Hilfeangebote der Sozialen Arbeit bedarfsgruppengerecht an den Lebensrealitäten russlanddeutscher (Spät-) Aussiedler ausrichten zu können, erweist es sich jedoch

---

[1] Aus praktischen Gründen sowie Gründen der besseren Lesbarkeit wird in der vorliegenden Arbeit ausschließlich die männliche Schreibweise benutzt. Selbstverständlich sind beide Geschlechter gleichermaßen gemeint.
[2] Eine dezidierte Definition des Begriffes ‚russlanddeutsche (Spät-) Aussiedler' sowie eine Erläuterung der juristischen Hintergründe des (Spät-) Aussiedlerzuzuges erfolgt in Kapitel 4.2.

darüber hinaus als unabdingbar, den wissenschaftlichen Blickwinkel nicht nur auf Hilfebedarfe im Sinne von zu bearbeitenden Defiziten zu richten, sondern den Blick für zielgruppeninhärente Ressourcen zu öffnen, welche zu einer lösungsorientierten Bearbeitung vorhandener Problemlagen beitragen.

Als eine der zentralen Ressourcen russlanddeutscher (Spät-) Aussiedler werden in der sozialarbeitswissenschaftlichen Diskussion persönliche soziale Netzwerke gehandelt:

> „Alltagssolidarität und natürliche, insbesondere familiäre Netzwerke stellen eine außerordentlich wichtige Ressource innerhalb der Gruppe der SpätaussiedlerInnen dar, die für die Integrationsarbeit genutzt werden sollte" (Klus 2006: S. 140).

Trotz der, den persönlichen sozialen Netzwerken zugesprochenen, wichtigen Ressourcenfunktion, besteht bisher kaum Wissen über die Struktur persönlicher sozialer Netzwerke russlanddeutscher (Spät-) Aussiedler, der hierin enthaltenen Ressourcen bzw. den vorhandenen Potentialen sozialer Unterstützung sowie über Anhaltspunkte, wie diese in eine an den Lebensrealitäten ihrer Adressaten ausgerichtete Soziale Arbeit einbezogen werden können. Diesem Befund entsprechend konstatieren auch Karin Weiss und Dietrich Thränhardt (2005), dass im deutschen Sprachraum bisher kaum Studien zu Struktur und Funktion ethnischer Netzwerke bzw. zu Netzwerken spezifischer Migrantengruppen vorliegen (ebd.: S. 17).

Anliegen der vorliegenden Arbeit ist es nun, an diesem Kritikpunkt anzusetzen und im Rahmen einer explorativen qualitativen Studie persönliche soziale Netzwerke russlanddeutscher (Spät-) Aussiedler in ihrer Ressourcenfunktion zu betrachten, entsprechende Potentiale sozialer Unterstützung herauszuarbeiten und die Ergebnisse sowie die hieraus abzuleitenden sozialarbeiterischen Implikationen dem Sozialarbeitsdiskurs zugänglich zu machen. Um dieses Ansinnen zu realisieren, wird es sich als notwendig erweisen, zentrale Strukturmerkmale persönlicher sozialer Netzwerke russlanddeutscher (Spät-) Aussiedler sowie das in den sozialen Beziehungen gespeicherte Vermögen an Ressourcen bzw. die vorhandenen Unterstützungspotentiale über deren interaktiv vermittelten Entsprechungen im Sinne von tatsächlich geleisteten Unterstützungshandlungen auf der Basis von soziologischem Wissen empirisch zu fassen und daraufhin in die der vorliegenden Arbeit grundgelegte sozialarbeitstheoretische Perspektive rückzuführen.

Im Ablauf dieser Arbeit werden zunächst die dem eben skizzierten Forschungsvorhaben zugrunde liegenden theoretischen Bezugspunkte geklärt. Hierfür wird im folgenden zweiten Kapitel in einem ersten Schritt die zum Tragen kommende sozialarbeitstheoretische Perspektive dargelegt. Zunächst wird der Begriff der Sozialen Arbeit konkretisiert (Kapitel 2.1.), um anschließend für die begründete Wahl von Handlungszielen und -wegen unabdingbare Reflexionen vorzunehmen (Kapitel 2.2.). Diese Grundüberlegungen beziehen sich auf die Notwendigkeit ethischer Reflexionen in der Sozialen Arbeit (Kapitel 2.2.1), auf Wissen um den Entwicklungskontext personaler Identität (Kapitel 2.2.2.) sowie auf die Umsetzung einer konsequenten Ressourcenorientierung in der Praxis Sozialer Arbeit (Kapitel 2.1.3). Hieran anschließend wird mit der ökosozialen Sozialarbeit eine auf konkrete Umwelteinbettungen von Personen sowie auf Transaktionen zwischen Person und Umwelt fokussierende theoretische Konzeption Sozialer Arbeit eingeführt (Kapitel 2.3.), welche schließlich im Rahmen der Vorstellung des Lebenslagenansatzes weitere Konkretisierungen hinsichtlich der Konzeptionierung praktischer Sozialer Arbeit erfährt (Kapitel 2.4.).

In einem zweiten Schritt wird im Rahmen des dritten Kapitels mit der netzwerktheoretischen Perspektive ein Instrumentarium vorgestellt, welches soziale Beziehungsstrukturen und hierin enthaltene Formen sozialer Unterstützung aus einem theoretischen Blickwinkel erhellen kann und somit der skizzierten – auf Umwelteinbettung, Transaktionsverhältnisse und soziale Beziehungen blickenden – ressourcenorientierten sozialarbeitstheoretischen Perspektive nicht nur gerecht wird, sondern diese – auch im Hinblick auf die praktische Soziale Arbeit – zu bereichern vermag. Hierfür wird zunächst das Konstrukt des sozialen Netzwerks dargestellt sowie Zustandekommen und Strukturen sozialer Beziehungen erhellt (Kapitel 3.1.). Daran anknüpfend werden theoretische Konzepte vorgestellt, welche auf die Erklärung der Ressourcenfunktion sozialer Netzwerke sowie deren Potentiale an sozialer Unterstützung zielen (Kapitel 3.2.). In diesem Kontext werden das Konzept der starken und schwachen Bindungen (Kapitel 3.2.1.), des Sozialkapitals (Kapitel 3.2.2.) sowie der sozialen Unterstützung (Kapitel 3.2.3.) erläutert. Das dritte Kapitel abschließend wird mit der sozialen Netzwerkarbeit eine sozialarbeiterische Methode dargestellt, welche sowohl an die skizzierte netzwerktheoretisch-ressourcenorientierte Perspektive als auch an die dargelegte sozialarbeitstheoretisch-ressourcenorientierte Perspektive anschließt (Kapitel 3.3.).

In einem dritten Schritt wird im Rahmen des vierten Kapitels nun die Zielgruppe des vorliegenden Forschungsvorhabens – russlanddeutsche (Spät-) Aussiedler – in den Mittelpunkt der Betrachtung gestellt. Um ein Verständnis dafür zu generieren, welche Personen unter den Begriff der russlanddeutschen (Spät-) Aussiedler subsumiert werden, werden zunächst die historischen Hintergründe der Zielgruppe skizziert (Kapitel

4.1.). In diesem Kontext werden die Auswanderung deutscher Kolonisten in die Gebiete der ehemaligen Sowjetunion seit dem ausgehenden siebzehnten Jahrhundert (Kapitel 4.1.1.), die Entwicklungen des Lebens in diesen Gebieten über die Zeit hinweg (Kapitel 4.1.2.) sowie Bedingungen und Begründungen der Rücksiedlung in die Bundesrepublik Deutschland (Kapitel 4.1.3.) zum Gegenstand der Betrachtung. Erst hieran anschließend wird es möglich, die juristischen Begriffe Aussiedler und Spätaussiedler und dementsprechend den Begriff des russlanddeutschen (Spät-) Aussiedlers hinreichend zu definieren (Kapitel 4.2.). Anschließend wird die Entwicklung sowie die Struktur des Zuzuges russlanddeutscher (Spät-) Aussiedler in die Bundesrepublik Deutschland betrachtet (Kapitel 4.3.), bevor im Hinblick auf persönliche soziale Netzwerke relevante Aspekte skizziert werden (Kapitel 4.4.).

Im Anschluss an die Klärung der grundlegenden theoretischen Bezugspunkte wird im Rahmen des fünften Kapitels die Fragestellung der vorliegenden Studie weiter präzisiert und die empirische Vorgehensweise erläutert. Nach der Darlegung der detaillierten Fragestellung (Kapitel 5.1.) wird zunächst die Zielgruppe der Datenerhebung begründet (Kapitel 5.2.), um darauf folgend die Methoden der Datenerhebung wählen zu können (Kapitel 5.3.). In diesem Zusammenhang wird die Wahl der problemzentrierten qualitativen Befragung (Kapitel 5.3.1.) sowie der qualitativen Netzwerkanalyse (Kapitel 5.3.2.) diskutiert und begründet und der begleitende Kurzfragebogen eingeführt (Kapitel 5.3.3.). Abschließend wird die Methode der Datenerhebung – die inhaltlich-strukturierende qualitative Inhaltsanalyse – dargestellt (Kapitel 5.4.).

Das sechste Kapitel dient der Darstellung der Ergebnisse sowie deren Bewertung unter Rückbezug auf die erläuterte theoretische Grundlegung. Zunächst wird hierzu die Stichprobe beschrieben und ihre Zusammensetzung bewertet (Kapitel 6.1.). Daraufhin wird der Aussiedlungskontext der Befragten untersucht, wobei die Aussiedlungsgründe, soziale Kontakte sowie Schwierigkeiten aber auch erhaltene soziale Unterstützung in der Anfangsphase in der BRD zum Gegenstand der Betrachtung werden (Kapitel 6.2.). Im Weiteren werden nun die Selbsthilfemotivation sowie die Hilfeüberzeugung der Befragten dargestellt (Kapitel 6.3.), um daraufhin auf persönliche Netzwerke der Befragten sowie hierin enthaltene Potentiale sozialer Unterstützung einzugehen (Kapitel 6.4.). In diesem Kontext werden die primären bzw. mikrosozialen Netzwerkbereiche Familie (Kapitel 6.4.1.), Freunde (Kapitel 6.4.2.) sowie sonstige von den Befragten genannte primäre Netzwerkbereiche (Kapitel 6.4.3.) beschrieben und hinsichtlich der hier vorhandenen Potentiale sozialer Unterstützung untersucht. Weiterhin werden der Netzwerkbereich der (Arbeits-) Kollegen (Kapitel 6.4.4.) sowie der auf soziale Organisationen und somit die Soziale Arbeit bezogene tertiäre

Netzwerkbereich (Kapitel 6.4.5.) im Hinblick auf vorhandene bzw. genutzte Potentiale sozialer Unterstützung betrachtet.

Abschließend wird im siebenten Kapitel zunächst eine Verdichtung der in Kapitel sechs dargestellten Ergebnisse vorgenommen (Kapitel 7.1.), um daraufhin die Ergebnisse der empirischen Untersuchung auf Basis der in Kapitel zwei grundgelegten sozialarbeitstheoretischen Perspektive analysieren zu können sowie Reflexionspunkte und Implikationen für die Soziale Arbeit zu entwickeln (Kapitel 7.2.). Schließlich wird das methodische Vorgehen der Datenerhebung und -auswertung einer kritischen Würdigung unterzogen sowie ein Ausblick auf Vertiefungsmöglichkeiten der vorliegenden Ergebnisse im Rahmen weiterer Forschung gegeben (Kapitel 7.3.).

2. Sozialarbeitstheoretische Perspektive

Sowohl hinsichtlich des grundlegenden Sozialarbeitsverständnisses als auch im Hinblick auf dessen konkrete theoretische und praktische Ausformung bestehen vielerlei unterschiedliche Lesarten. Dementsprechend ist das Anliegen dieses Kapitels die hier eingenommene sozialarbeitstheoretische Perspektive darzulegen. Diesem Anliegen folgend, wird nun zunächst das vorliegende Verständnis des Begriffs der Sozialen Arbeit skizziert (Kapitel 2.1.), um darauf aufbauend zentrale perspektivische Grundüberlegungen vornehmen zu können (Kapitel 2.2.). Anschließend werden die für die vorliegende Perspektive zentralen theoretischen Konstrukte – die ökosoziale Sozialarbeit (Kapitel 2.3.) sowie der Lebenslagenansatz (Kapitel 2.4.) – vorgestellt.

2.1. Soziale Arbeit

Über die Konkretisierung des Begriffs der Sozialen Arbeit besteht keine allgemeingültige Einigung (Rauschenbach/Züchner 2002: S. 842). Im Folgenden wird Soziale Arbeit als diejenige Profession verstanden, welche darauf abzielt, durch professionelle soziale Hilfe, soziale Bildungsarbeit und politische Arbeit soziale Probleme zu lösen, indem sie Teilhabe- und Partizipationschancen von Individuen und/oder Gruppen eröffnet, wiederherstellt, sichert und erweitert. Ihr Gegenstand sind Probleme der sozialen Ungleichheit, der gesellschaftlichen Integration, soziale Risiken der individuellen Lebensführung und alltäglichen Lebensbewältigung sowie vielschichtige Herausforderungen der Sozialisation in Familien, Gruppen, Organisationen und Institutionen (ebd.: S. 844). Dabei ist ihr Anliegen, Adressaten bei der Realisierung eines ‚gelingenden' Lebens zu unterstützen. In diesem Zusammenhang verfügt sie über vielfältige Stoßrichtungen:

> „Sie begleitet, berät, unterstützt, pflegt und betreut Personen, die der Hilfe bedürfen, sie versucht aber auch soziale Situationen bzw. die sozialen Bedingungen des Lebens zu verändern. Soziale Arbeit basiert dabei auf einem Fall- und Feldbezug, sie verändert Personen und Situationen, bezieht sich auf das individuelle Verhalten und die gesellschaftlichen Verhältnisse" (ebd.: S. 844).

Soziale Arbeit handelt dabei im Rahmen eines gesellschaftlich-sozialpolitischen Auftrags in einem stark verrechtlichten Bereich, in dem Bedarfe von Individuen oder Gruppen sowie dementsprechende sozialarbeiterische Maßnahmen weitestgehend aufgrund gesetzlicher Normierungen festgelegt sind. Trotzdem sind die Leistungen der Sozialen Arbeit an den Bedürfnissen und Lebensrealitäten ihrer Adressaten auszurichten. Hierbei steht der Leistungsempfänger im Mittelpunkt und wird zum Indikator für Erfolg und Qualität sowie zum Koproduzent der Hilfe.

2.2. Perspektivische Grundüberlegungen

Für die weitere Grundlegung des zum Tragen kommenden sozialarbeiterischen Blickwinkels ist es unabdingbar, perspektivische Grundüberlegungen vorzunehmen, welche einen Ausblick auf zentrale ethische Reflexionspunkte geben (Kapitel 2.2.1.) sowie das vorliegende Verständnis der Identitätsentwicklung (Kapitel 2.2.2.) und der im gegenwärtigen Kontext als unabdingbar angesehenen ressourcenorientierten Grundhaltung (Kapitel 2.2.3.) darzulegen. Solche Reflexionen bilden das Fundament, für eine verantwortungsvolle und begründete Wahl von theoretischen Grundlagen der Sozialen Arbeit sowie von Handlungszielen und Handlungswegen.

2.2.1. Perspektive I: Notwendigkeit ethischer Reflexionen

Aufgabenfeld der Ethik ist es, moralische Anschauungen, normative Setzungen sowie daraus folgende Handlungsorientierungen hinsichtlich ihrer Geltungs- und Rechtfertigungsansprüche kritisch zu reflektieren und Grundsätze guten und gerechten Wollens und Handelns zu begründen. Dementsprechend zielt die Ethik auf die Frage nach den Voraussetzungen für ein ‚gelingendes' individuelles Leben in Bezug zu anderen Personen, Institutionen und der Gesellschaft (Ricoeur zitiert nach Volz 2000: S. 214). Insofern dienen ethische Reflexionen der Ordnung und Orientierung individueller und gesellschaftlicher Praxis, wobei sie sich auf alle Bereiche des menschlichen Lebens und somit auch auf die Soziale Arbeit beziehen (Schneider 2002: S. 291). Die Urteilsbildung erfolgt dabei unter einer Logik, die am Menschen als Person orientiert ist, wodurch es notwendig wird, Werte und Normen sowie relevante Handlungen im Kontext übergeordneter Grundwerte zu diskutieren (Lenk/Maring 1996: S. 4).

Will Soziale Arbeit ihre Adressaten bei der Realisierung eines ‚gelingenden' Lebens unterstützen, so hat sie zu reflektieren, was der Terminus ‚gelingend' vor dem Hintergrund von Lebensführungspraktiken und -kontexten bedeutet und wie der Subjektstatus einer Person im Rahmen der sozialarbeiterischen Intervention gewahrt werden kann. So muss sich eine ethisch fundierte Soziale Arbeit fragen, welche Werte sie postuliert und verfolgt. Insofern ist Silvia Staub-Bernasconi (1994) zuzustimmen, wenn sie fordert:

> „Die Wertfrage erfordert eine eigene philosophisch-ethische, aber auch wissenschaftliche Reflexion, und zwar auch derjenigen Werte, die an Definitionen körperlicher, psychischer, sozialer und kultureller Probleme anknüpfen" (ebd.: S. 86).

Im Hinblick auf ethische Reflexionen in der Sozialen Arbeit ist die Wertfrage weiterhin auf drei Dimensionen zu beziehen – diejenige der Gesellschaft, der Adressaten sowie der Profession bzw. des eigenen professionellen Handelns. Durch Reflexionen in diesem Rahmen, bietet die Ethik der Sozialen Arbeit Orientierungshilfen bezüglich der bedarfsgruppengerechten Ausgestaltung konkreter Leistungen und Angebote:

> „Sie [die Ethik; F.F.] hebt solche moralischen Orientierungen und Verbindlichkeiten ins Bewusstsein, die selbst als normative Leitideen Sozialer Arbeit begründet werden können oder aber mit solchen übereinstimmen" (Lob-Hüdepohl 2002: S. 291f).

Die für die Soziale Arbeit formulierten Maximen müssen dabei so herausgearbeitet werden, dass sie in einem gesamtgesellschaftlichen Kontext ihre Gültigkeit bewahren und trotzdem verschiedenen Vorstellungen über die Ausformung eines ‚gelingenden' Lebens gerecht werden. Sie müssen also sowohl aus dem Blickwinkel des einzelnen Individuums als auch aus dem Blickwinkel auf dessen wechselseitige Eingebundenheit in kollektive und gesamtgesellschaftliche Prozesse gedacht werden.

2.2.2. *Perspektive II: Entwicklungskontext personaler Identität*

Will Soziale Arbeit auf konkrete Lebensrealitäten sowie personale und gruppeninhärente Bedarfe ihrer Adressaten eingehen und ihre ethischen Maximen mit einem Blick auf die Personalität – aber auch auf die kollektiven und gesellschaftlichen Einbindungen – ihrer Leistungsempfänger entwickeln, muss sie sich fragen, was den Menschen in seiner Personalität ausmacht, welche Wechselwirkungen Menschen in ihrem Wesen prägen und zu unterschiedlichen Lebensweisen und Lebensentwürfen führen.

Hiermit ist direkt die Frage nach der Identität und ihrem Entwicklungskontext angesprochen. Soziologisch bezeichnet der Begriff der Identität:

„[...] das mit unterschiedlichen Graden der Bewusstheit und Gefühlsgeladenheit verbundene Selbstverständnis (Selbstgewissheit) von Personen im Hinblick auf die eigene Individualität, Lebenssituation und soziale Zugehörigkeit" (Hillmann 1994: S. 350).

Ein solches Selbstverständnis kann dabei als ein prozesshaft aus verschiedenen Lebenserfahrungen zusammengesetztes Selbstbild verstanden werden, das auf der einen Seite dem Selbst Kontinuität verleiht, auf der anderen Seite jedoch einem stetigen Wandel durch den Umgang mit verschiedenen Lebenskontexten, sozialen Situationen und Rollenanforderungen unterliegt (Liebsch 2006: S. 70f). Insofern weist Identitätsentwicklung über das Hineinwachsen in eine soziokulturelle Umwelt sowohl eine Verhalten und Kognitionen beeinflussende soziale Komponente als auch eine persönlich-individuelle Komponente auf, welche sich auf das spontane, sich aktiv Sinn aneignende Selbst in einem einmaligen Zusammenhang mit einer einmaligen Lebensgeschichte bezieht (Hillmann 1994: S. 350). Identität entsteht folglich aufgrund vermittelnder Prozesse zwischen Gesellschaft, Kultur und Individuen und thematisiert wechselseitige Beeinflussungen von individuellem Handeln und gesellschaftlichen Prozessen. Dem folgend bildet sich Identität in einem Wechselspiel im Verlaufe der Sozialisation durch Interaktionen mit Bezugspersonen, gesellschaftlichen Institutionen und Gruppen bzw. Gemeinschaften heraus und transportiert dabei sowohl Reaktionen auf Vorgegebenes als auch selbstgestaltete Definitionen (Liebsch 2006: S. 71).

Wenn sich personale Identität über Selbstzuschreibungen aber auch in sozialen Prozessen über Interaktion und Kommunikation in Beziehungskontexten ausbildet und weiterentwickelt, muss sich die Soziale Arbeit positiv sowohl auf die individuelle Person als auch auf die deren Identität und handlungsleitende Lebenswirklichkeit generierende soziale Umwelt und die hier vorhandenen Potentiale beziehen sowie die stattfindenden Transaktionen zwischen Person und Umwelt sowohl in ihren praktischen Reflexionen als auch in ihren theoretischen und methodischen Grundlegungen beachten. Ein solcher positiver Bezug setzt voraus, dass konsequent auf individuelle Stärken und Ressourcen sowie auf materielle und soziale Ressourcen der personalen Umwelt fokussiert wird.

2.2.3. Perspektive III: Ressourcenorientierung

Die vorliegende sozialarbeiterische Perspektive fokussiert darauf, ‚Lösungen zu finden' anstatt ‚Probleme zu lösen' und favorisiert dementsprechend eine konsequente, an den Lebensrealitäten der Adressaten ausgerichtete, lösungs- und ressourcenorientierte Sichtweise unter der erklärten Zielstellung:

"Fähigkeiten der Adressaten sozialer Dienstleistungen zu autonomer Lebensorganisation zu kräftigen und Ressourcen freizusetzen, mit deren Hilfe sie die eigenen Lebenswege und Lebensräume selbstbestimmt gestalten können" (Herriger 2002a: S. 262).

Grundlage hierfür ist die Annahme, dass die Fähigkeit zur selbstbestimmten Bewältigung sozialer Probleme von der Verfügbarkeit von intra- und interpersonalen Ressourcen abhängig ist. Dabei wird einer ‚Philosophie der Menschenstärke' gefolgt, nach der Adressaten sozialer Dienstleistungen auch in Lebensetappen der Belastung als kompetente Akteure und Experten für die eigene Lebensgestaltung wahrgenommen werden. Dieser Blickwinkel auf die Menschenstärke fordert eine psychosoziale Praxis, die als Lebensweg-Begleitung an die Lebenszusammenhänge und -realitäten der Adressaten angepasst ist und nicht vergessen lässt, dass Menschen selbst über unveräußerliche Rechte hinsichtlich der Gestaltung ihrer Lebensrealitäten verfügen. Dem folgend stiftet eine lösungs- und ressourcenorientierte Perspektive zur Aneignung von Selbstbestimmung über eigene Lebensumstände an (Herriger 2002b: S. 8). Ein tragfähiges Handlungskonzept Sozialer Arbeit muss dementsprechend zur Stärkung vorhandener sowie zur Erschließung neuer Ressourcen und Potentiale sowohl bei den Adressaten selbst als auch in deren Umwelt beitragen. Praktiker haben hierbei eine aufklärende und Informationen vermittelnde sowie eine initiierende und motivierende Funktion auf der Basis einer gleichberechtigten Partizipation im Hilfeprozess (Erath 2006: S. 165).

2.3. Ökosoziale Sozialarbeit

Die im Rahmen der vorliegenden sozialarbeitstheoretischen Perspektive zum Tragen kommende sozialarbeitswissenschaftliche Grundlage bildet die ökosoziale Theorie. Diese wurde in den 1980er und 1990er Jahren vor allem durch Carel B. Germain und Alex Gitterman (1980; 1999) sowie durch Wolf Rainer Wendt (1982; 1990) in die Sozialarbeitswissenschaft eingeführt. Ausgangspunkte waren die Kritik an dem damalig vorherrschenden punktuell-psychologistischen Individualismus in der Sozialen Arbeit sowie die Forderung, diesen durch die Betonung des Sozialen im Sinne eines Beziehungsgewebes zu ersetzen (Wendt 1986: S. 9).

Das ökosoziale Grundverständnis bezieht sich auf einen systemischen Blickwinkel, der mit dem Interesse an ganzheitlichen Betrachtungsweisen übersetzt wird und sich speist:

„[…] aus der ‚Erkenntnis' der Zusammengehörigkeit und Vernetzung aller Teilsegmente des Weltsystems nicht nur auf physikalisch-biologischer, sondern auch auf sozialer und kultureller Ebene" (Galuske 2005: S. 152).

Die ökosoziale Perspektive verweist auf Wechselwirkungen zwischen Person und Umwelt und betrachtet Menschen nicht als isolierte Wesen, sondern in ihren Einbindungen in ihre Lebensumgebung. Bezüglich der Umwelt unterscheiden Germain und Gitterman (1999) zwischen materieller und sozialer Umwelt. Materielle Umwelt umfasst:

„[…] die natürliche Welt, die von Menschen errichteten Strukturen, den Raum, der diese Strukturen ermöglicht, aufnimmt oder bereitstellt, und die Rhythmen der Umwelt und der menschlichen Biologie (ebd.: S. 5).

Die soziale Umwelt hingegen beinhaltet:

„[…] Freundschaft und andere Zweierbeziehungen und größere Gruppen, wie die Familie; soziale Netzwerke von zwei oder mehreren füreinander bedeutsamen Personen; Organisationen, Institutionen, die Gemeinde […] und schließlich die Gesellschaft selbst, einschließlich ihrer politischen, ökonomischen, sozialen und Gesetzesstrukturen" (ebd.: S. 6).

Zum zentralen Erklärungs- und Handlungsansatz Sozialer Arbeit werden dabei transaktionale, wechselseitige Beeinflussungen und Verflechtungen zwischen Person und Umwelt (Klug 2003: S. 17f). Es wird davon ausgegangen, dass im Rahmen eines ständigen zirkulären Beeinflussungsprozesses Menschen ihre soziale und materielle Umwelt verändern, und umgekehrt durch diese in kontinuierlichen, reziproken Anpassungsprozessen verändert werden (Engelke 2002: S. 351). Aus dem ökosozialen Paradigma heraus können Lebenssituationen folglich niemals isoliert von ihrer Abgestimmtheit zur sozialen Umwelt betrachtet werden. Bei schlechter Abstimmung ist es wahrscheinlich, dass:

„[…] die Entwicklung der Person und das Zusammenwirken ihrer Funktionen behindert und die Umwelt geschädigt werden. Ist die Abstimmung gut, werden beide, Person und ihre Umwelt, gedeihen" (Germain/Gitterman 1999: S. 9).

Anpassungspotentiale sind dann gegeben, wenn die Umwelt ausreichend Ressourcen bereithält, um eine gelingende bio-psycho-soziale Entwicklung zu ermöglichen sowie auf personaler Seite kognitive, psychische, soziale und/oder kulturelle Verhaltensweisen vorhanden sind, die erlauben, sich selbst und/oder die Umwelt bzw. die ‚Person:Umwelt-Beziehung' zu verändern (ebd.: S. 9ff).

„Soziale Probleme entstehen demnach dann, wenn die Bedürfnisse der Person durch die Umwelt nicht befriedigend erfüllt sind und die Person mit den ihr zur Verfügung stehenden individuellen Ressourcen nicht in der Lage ist, sich die entsprechenden Umweltressourcen zu verschaffen" (Klug 2003: S. 18f).

Der kontextuelle Rahmen für den Versuch der Abstimmung zwischen Person und Umwelt wird in der ökosozialen Theorie über die Begriffe Habitat und Nische verdeutlicht. Als Habitat werden die Gegebenheiten des sozialen Settings und der äußeren Umwelt innerhalb eines kulturellen Kontextes bezeichnet (Germain/Gitterman 1999: S. 28). Der Begriff der Nische bezeichnet den für eine Person relevanten Ausschnitt der sozialen Realität als aktives Handlungs- bzw. Wirkungsfeld (Engelke 2002: S. 357). Die in Habitat und Nische realisierten Lebenszusammenhänge werden von Wendt (1990) unter dem Begriff des Haushalts zusammengefasst und bezeichnen die zeitliche und räumliche Ordnung eines fassbaren und natürlichen sozialen Geschehens (ebd.: S. 29). Aufgrund der ständigen Wechselwirkungen mit ihrer Umwelt ist die Person in ihrer Haushaltsführung gefordert, den Kurs des Lebens immer wieder neu zu bestimmen, Ressourcen und Probleme zu bilanzieren und zu bearbeiten (ebd.: S. 29f). Der hier angesprochene Aspekt der Selbstorganisation in ihrer Verwicklung zur skizzierten Umweltabhängigkeit schlägt sich im Begriff der Lebenslage nieder. Die Lebenslage stellt die Ökologie der jeweiligen Verhältnisse als auch die individuelle Konkretion dar, in welcher die umgebenden Verhältnisse den Menschen ‚zum Zuge' kommen lassen (ebd.: S. 39). Aufgabe der Sozialen Arbeit ist es nun, die Lebenslagen und die entsprechende Haushaltsführung zu analysieren, insbesondere im Hinblick auf die sozialen Beziehungen innerhalb des Haushaltes sowie zwischen dem Einzelnen, dem Haushalt und der Umwelt (ebd.: S. 25). Der hieraus folgende Auftrag ist:

„[…] Verwicklungen und Störungen im System des Zusammenlebens zu beheben sowie Ressourcen aufzuspüren und mobil zu machen, die gegen schädigende Einflüsse und zum Ausgleich allfälliger Belastungen wirksam sind. Er [der Sozialarbeiter; F.F.] kümmert sich um die soziale Subsistenz von Menschen im Netzwerk ihrer Beziehungen und ihrer Bedeutungen wegen auch um die Netzwerke selbst […]" (Wendt 1982: S. 212).

Als Ziel gilt dabei, dem Individuum Selbstorganisation in seiner Anpassung an die Umwelt zu ermöglichen bzw. hierfür notwendige Ressourcen zu erschließen, aber auch die Empfänglichkeit der Umwelt für Individuen zu fördern (Klug 2003: S. 19). Dies erfordert es, sowohl personen- als auch umweltbezogene Strategien zu entwickeln, die es den Adressaten erlauben, den Alltag erfolgreich zu bewältigen, ohne dabei die spezifischen Umweltbedingungen zu vernachlässigen. Das Verhältnis zwischen Sozialarbeiter und Adressat ist dabei als eine ressourcenorientierte Partnerschaft auf gleicher Augenhöhe zu gestalten. Ökosoziale Sozialarbeit ist generell sowohl auf die Mikroebene (Person des Adressaten und sein unmittelbares Umfeld), die Mesoebene (soziale Nahumwelt, bspw. Freunde, Bekannte, soziale Infrastruktur) als auch auf die Makroebene (überregionale Systeme, bspw. Wirtschafts-, Bildungs- und Sozialsystem) gerichtet (ebd.: S. 21). Auf der Makroebene wird vor allem politische Einflussnahme sowie eine Anwaltschaft für die Adressaten gefordert. Auf der Mikro- und Meso-Ebene bezieht sich ökosoziale Soziale Arbeit vor allem auf die Methode des Casemanagements[3], weist ansonsten jedoch eine weitgehende methodische Offenheit auf, die die verschiedensten Unterstützungsleistungen von instrumenteller Unterstützung im Sinne materieller Hilfen über Wissensvermittlung bis hin zu emotionaler und Verhaltensunterstützung sowie die Beeinflussung individueller aber auch kollektiver Verhaltens- und Lebensdispositionen einbeziehen lässt.

Vor den hier skizzierten Hintergründen der ökosozialen Sozialarbeitstheorie wird deutlich, dass ökosoziale Soziale Arbeit Erklärungs- und Deutungsstrukturen sowohl für die Entstehung von bio-psycho-sozialen Mangellagen als auch für die Entstehung und das Vorhandensein von Ressourcen sowie von Entwicklungs- und Hilfepotentialen bietet. In ihren theoretischen und praktischen Implikationen wird sie den in Kapitel 2.2. skizzierten Grundperspektiven der Ressourcenorientierung als auch der Forderung nach einer umfassenden Sichtweise gerecht, welche Adressaten sowohl in ihrer personalen Identität als auch in ihren Bezügen zu den sie beeinflussenden Kontextbedingungen wahrnimmt, da sie sich an die Person in ihrer Gesamtheit in ihrer jeweiligen Lebenslage richtet. Somit wird auch der ethische Anspruch gewahrt, den Menschen in seinem Subjektstatus als Person vor dem Hintergrund seiner Vorstellungen über ein ‚gelingendes' Leben aber auch seiner kollektiven und gesellschaftlichen Eingebundenheiten als Selbstzweck wahrzunehmen.

---

[3] Umfassende Erläuterungen zur sozialarbeiterischen Methode des Casemanagements finden sich bei Wendt (1991), Klug (2003) sowie Wendt/Löcherbach (2009).

2.4. Lebenslagenansatz

Der im Folgenden skizzierte Lebenslagenansatz vermag es sowohl auf Ressourcen als auch auf Probleme von Individuen in ihrem jeweiligen Lebenszusammenhang zu verweisen und konkrete ökosoziale Lebensrealitäten sowohl aus dem Blickwinkel der Adressaten als auch aus dem Blickwinkel der Umwelt – und somit auch der Sozialen Arbeit – zu erfassen und den Mensch als handelndes Subjekt zu konstruieren. Dadurch wird der Lebenslagenansatz den in Kapitel 2.2. skizzierten Grundperspektiven gerecht und kann – wie im Folgenden deutlich wird – sowohl für die praktische Soziale Arbeit als auch für deren theoretische Konzeption fruchtbar gemacht werden.

Das Konzept der Lebenslage stellt ein Analyseinstrument dar, das zur Sozialstrukturanalyse der Gesamtgesellschaft ebenso herangezogen werden kann, wie zur Diagnose der Lebenssituation einzelner Personen oder Gruppen (Glatzer/Hübinger 1990: S. 37). Das Lebenslagenkonzept entstand aus der kritischen Auseinandersetzung mit Klassen- und Schichtungstheorien, denen unterstellt wurde, dass sie aufgrund der zunehmenden Ausdifferenzierung von Lebensrealitäten nicht mehr in der Lage seien, gesellschaftliche Wirklichkeiten zu beschreiben, da sie über ihre zentralen Analysekriterien berufliche Stellung, Bildung und Einkommen klare Verhältnisse suggerieren (Veil 1996: S. 17). Dem setzt der Lebenslagenansatz eine umfassende bzw. ganzheitliche Herangehensweise entgegen, welche versucht, komplexe Realitäten in feinen Abstufungen zu erfassen (Glatzer/Hübinger 1990: S. 34). Der Begriff der Lebenslage bezeichnet den Spielraum:

> „[...] den der Einzelne für die Befriedigung der Gesamtheit seiner materiellen und immateriellen Interessen nachhaltig besitzt. Die Lebenslagen von Individuen und Gruppen [...] setzen sich aus einer Vielzahl von Merkmalen zusammen. Sie umfassen die Verfügbarkeit von und den Zugang zu materiellen Gütern ebenso wie immaterielle Werte, positive und negative Interessenerfüllung (Dieck zitiert nach ebd.: S. 35).

Insofern repräsentieren Lebenslagen ein Variablensyndrom im Sinne eines Zusammenwirkens von mehreren verschiedenen Eigenschaften und Merkmalsausprägungen (Schenk zitiert nach Veil 1996: S. 19). Lebenslagen sind also multidimensional zu fassen, da neben traditionellen sozioökonomischen Merkmalen auch weitere differenzierende Faktoren wie bspw. persönliche Netzwerke, gesellschaftliche Integration, Zugang zu immateriellen Ressourcen, persönliches Wohlempfinden etc. hinzugezogen werden (ebd.: S. 18). Dabei werden – analog zu den ökosozialen Begrifflichkeiten der Nische und der Lebenslage – die Handlungsspielräume und ihre Grenzen betont, wodurch der Mensch als handelndes Subjekt konstruiert wird, da der Aspekt der Bewertung durch die jeweiligen Personen und Gruppen sowie das Zusammenspiel objektiver Ressourcen und subjektiver Betroffenheit aber auch subjektiver Verarbeitungsformen aufzeigbar wird (ebd.: S. 18f). Glatzer und Hübinger (1990) operationalisieren die Lebenslage entlang von fünf Handlungsspielräumen (ebd.: S. 36f):

- *Versorgungs- und Einkommensspielraum*: Hierunter wird der Umfang der Versorgung mit Gütern und Diensten entlang der Dimensionen Wohnen, Finanzen und Lebensunterhalt gefasst. Diesbezügliche Indikatoren sind bspw. Gratifikationen, beruflicher Status oder Transferleistungsbezug dar.
- *Kontakt- und Kooperationsspielraum*: Hierunter werden Möglichkeiten der Kommunikation und Interaktion im Rahmen von sozialen Beziehungen und sozialen Netzwerken gefasst. Diesbezügliche Indikatoren stellen bspw. die Art der vorhandenen Beziehungen und sozialen Netzwerke dar.
- *Lern- und Erfahrungsspielraum*: Hierunter werden Möglichkeiten der Entfaltung und Realisierung von Interessen durch Sozialisation in den verschiedensten Sektoren gefasst. Diesbezügliche Indikatoren stellen bspw. Sozialisationserfahrungen, Kohärenzgefühl oder kritische Lebensereignisse dar.
- *Muße- und Regenerationsspielraum*: Hierunter werden Möglichkeiten des Ausgleichs psycho-physischer Belastungen entlang der Dimensionen Freizeit und Entspannung gefasst. Diesbezügliche Indikatoren stellen bspw. Wohnumgebung, Freizeitverhalten oder aber auch Drogenmissbrauch dar.
- *Dispositions- und Partizipationsspielraum*: Hierunter wird das Ausmaß der Teilnahme und Mitbestimmung bzw. Mitentscheidung in verschiedenen Lebensbereichen gefasst. Diesbezügliche Indikatoren stellen bspw. Supervision und Kontrolle in Familien oder Beteiligungsstrukturen in Kommunen dar.

Um eine so weit als möglich ganzheitliche Erfassung von Lebenslagen zu ermöglichen, wird im Rahmen der vorliegenden Forschungsarbeit zusätzlich zu den von Glatzer und Hübinger (1990) angeführten Spielräumen ein weiterer Handlungsspielraum – der gesundheitliche Spielraum[4] - eingeführt:

- *Gesundheitlicher Spielraum*: Hierunter wird das subjektive Wohlbefinden und subjektives Krankheitserleben sowie der Zugang zu Dienstleistungen des Gesundheitswesens und privater Krankenbetreuung entlang psychischer und

---

[4] Die Idee der Einführung des gesundheitlichen Spielraums entstammt einer 2006 von Prof. Dr. Wolfgang Klug an der Katholischen Universität Eichstätt-Ingolstadt gehaltenen Vorlesung zu den Themen ‚ökosoziale Konzeptentwicklung' und ‚ökosoziales Casemanagement'.

physischer Dimensionen gefasst. Indikatoren stellen bspw. das Wissen um Zugänge zu Gesundheitsdienstleistungen oder das Bestehen privater Helferstrukturen oder das Bewusstsein um gesundheitliche Problemlagen dar.

Der Lebenslagenansatz impliziert, dass Soziale Arbeit notwendigerweise Alltagsbezüge berücksichtigen und hierauf ihre Ziele orientieren muss (Veil 2006: S. 16).

Der Lebenslagenansatz enthält vielfältige Implikationen für die praktische Soziale Arbeit. So kann er als Analyseraster für Problemlagen, vor allem aber auch für personale Ressourcen und Umweltressourcen in den jeweiligen Spielräumen genutzt werden. In diesem Zusammenhang wird die Möglichkeit eröffnet, entlang der verschiedenen Spielräume ein Theorienraster zu bilden, welches Erklärungsansätze für die jeweils vorfindlichen Phänomene enthält. Hieraus können gemeinsam mit dem jeweiligen Adressaten Zielstellungen entwickelt und festgehalten werden, die auf die Verbesserung der Lebenslage verweisen. Schließlich können entlang der verschiedenen Spielräume – also entlang der Lebens- und Zielrealitäten der Adressaten – sozialarbeiterische Maßnahmen, Methoden und Vorgehensweisen ausgerichtet werden. Somit stellt der Lebenslagenansatz ein Instrumentarium dar, das in der Lage ist, theoretische Ansprüche mit der praktischen Realität der Sozialen Arbeit zu verbinden.

3. Netzwerktheoretische Perspektive

Eine ökosoziale und ressourcenorientierte Soziale Arbeit, welche Personen in ihren Beziehungen und Eingebundenheiten in den Blick nimmt, benötigt ein Instrumentarium, welches Beziehungsstrukturen aus einem theoretischen Blickwinkel heraus zu beleuchten vermag sowie aus sozialen Beziehungen resultierende Ressourcen und Unterstützungsformen erhellt. Weiterhin muss ein solches Instrumentarium dazu geeignet sein, anschlussfähige Handlungsformen für die praktische Soziale Arbeit zu generieren. Ein solches theoretisches Instrumentarium bietet die im Rahmen des vorliegenden Kapitels vorgestellte netzwerktheoretische Perspektive [5], welche einen Blickwinkel einnimmt, nach dem nicht nur Individuen betrachtet werden sondern auf Bezüge von Individuen, sozialen Gruppen und deren Umwelt fokussiert wird. Dieser Blickwinkel weist eine lange Tradition in der soziologischen Theorie- und Methodenbildung auf.[6]

Im Folgenden werden die im Kontext des vorliegenden Forschungsinteresses relevanten Konstrukte und Bezugspunkte aus der netzwerktheoretischen Perspektive dargestellt. Hierzu wird zunächst der Begriff des sozialen Netzwerkes in seinen Ausprägungen und Entstehungsfaktoren eingeführt (Kapitel 3.1.), um daraufhin auf die Ressourcenfunktion sozialer Netzwerke rekurrierende Konzepte darstellen zu können (Kapitel 3.2.). Schließlich wird mit der Sozialen Netzwerkarbeit ein hieran anschlussfähiges Handlungskonzept der Sozialen Arbeit skizziert (Kapitel 3.3.).

---

[5] Der Begriff der netzwerktheoretischen Perspektive wurde gewählt, da es im Rahmen vorliegender Arbeit nicht möglich, vor allem aber auch inhaltlich nicht gewinnbringend ist einen umfassenden Überblick über die soziologische(n) Netzwerktheorie(n) und die damit verbundene(n) Methode(n) der Netzwerkanalyse zu liefern. So werden im Rahmen des vorliegenden Kapitels lediglich perspektivische, für die vorliegende Forschung relevante Ausschnitte dieser Theorien skizziert. Die im Zuge der vorliegenden Forschung angewandte Methode der qualitativen Netzwerkanalyse wird im Rahmen der Darstellung der Methoden der Datenerhebung in Kapitel 5.3.2. dieser Arbeit eingeführt.

[6] Als Vordenker der Netzwerktheorie und der damit verbundenen Netzwerkanalyse können vor allem Simmel, von Wiese, Moreno, Barnes und Bott sowie die Harvard-Strukturalisten um Wellman und White benannt werden. Ein Überblick über die verschiedenen Vertreter im Zusammenhang mit ihren jeweiligen methodischen und theoretischen Blickwinkeln und Entwicklungen kann Diaz-Bone (1997), Aderhold (2004) und Straus (2002) entnommen werden.

3.1. Soziale Netzwerke

Netzwerke können in einem ersten Schritt beschrieben werden als wechselwirksame Beziehungsgeflechte, die Menschen untereinander bilden, aber auch Menschen mit Institutionen und Institutionen untereinander (Stimmer 2006: S. 68). Grundidee der Netzwerkperspektive ist es, die Einbindungen von Akteuren in Beziehungen bildhaft durch Netze zu repräsentieren, wobei einzelne Personen, Gruppen oder Institutionen die Knotenpunkte und ihre Beziehungen untereinander die Verbindungslinien zwischen diesen Knotenpunkten darstellen. Entscheidend dabei ist, dass diese Verbindungslinien als Bahnen gedacht werden, auf denen vielfältige Austauschprozesse ablaufen. Auf diese Weise werden Individuen in die Gesellschaft integriert und ihnen in alltäglichen Interaktionen Erwartungen, Bestätigungen und (im)materielle Unterstützung etc. übermittelt (Heinze et al 1988: S. 112). Definiert wird ein spezifisches soziales Netzwerk durch eine benennbare Menge von Akteuren und den zwischen diesen bestehenden sozialen Beziehungsverhältnissen (Aderhold 2004: S. 120). Netzwerkeinheiten können hierbei verschiedene Typen sozialer Akteure wie einzelne Personen, Paare oder Familien oder aber auch verschiedene Gruppen wie bspw. Vereine sein, welche untereinander durch Beziehungen verbunden sind (Diaz-Bone 1997: S. 41). Dabei stellen soziale Netzwerke reale und empirisch beschreibbare soziale Beziehungen zwischen verschiedenen Akteuren dar. In diesem Zusammenhang ermöglicht das Konzept des sozialen Netzwerks die jeweiligen Lebenszusammenhänge eines Akteurs zu erfassen, in denen dieser seinen jeweiligen Alltag vollzieht, kommuniziert und handelt (Bullinger/Nowak 1998: S. 41). Das Konzept des sozialen Netzwerkes eignet sich vor allem für Analysen mit denen Institutionen, Gruppen und Personen:

> „[…] daraufhin untersucht werden, welche strukturellen und inhaltlichen sozialen Beziehungen sie untereinander haben. Dabei geht es darum, empirisch nachzuweisen, ob und welche Kontakte und Interaktionen unter diesen Menschen bzw. zwischen diesen Menschen und Institutionen vorhanden sind" (ebd.: S. 69f).

Im Rahmen solcher Analysen erweist es sich als notwendig, zu definieren, auf welche Art von Netzwerken dabei rekurriert wird. Grundsätzlich können drei verschiedene Typen von Netzwerken auf verschiedenen Ebenen unterschieden werden. Diese sind:

- *Primäre bzw. mikrosoziale Netzwerke*: Hiermit werden Netzwerke bezeichnet, in die eine Person entweder hineingeboren ist oder die sie sich im Rahmen eigener Optionsentscheidungen selbst gewählt hat. Verortet sind diese Netzwerke in mikrosozialen Lebensbereichen wie bspw. Familie und Verwandtschaft,

Nachbarschaft oder Freundschaft (ebd.: S. 70ff). Solcherart Netzwerke verlangen nach direkten, unmittelbaren Kontakten, nach face-to-face Beziehungen (Galuske 2005: S. 286).
- *Sekundäre bzw. makrosoziale Netzwerke*: Hiermit werden globalgesellschaftliche Netzwerke bezeichnet, die das Alltagsleben der Menschen entscheidend prägen und in die Personen hineinsozialisiert werden. Hierbei handelt es sich überwiegend um Bürokratien und Organisationen des Produktions- und Reproduktionssektors wie bspw. Kindergarten und Schule oder aber auch Betriebe und Firmen (Bullinger/Nowak 1998: S. 82).
- *Tertiäre bzw. mesosoziale Netzwerke*: Diese Netzwerke fungieren als Alternative zu den primären und sekundären Netzwerken oder aber als vermittelnde Instanz zwischen diesen. Zu nennen sind hier vor allem Selbsthilfegruppen, intermediäre professionelle Dienstleistungen und Nichtregierungsorganisationen (ebd.: S. 85).

Im hier vorliegenden Kontext rücken vor allem primäre bzw. mikrosoziale Netzwerke in den Fokus der weiteren Argumentation, da diese direkte, persönliche Einbindungen und Beziehungen von Akteuren in den Blick nehmen lassen. Selbstverständlich dürfen dabei auch die Einbindungen in sekundäre und tertiäre Netzwerke nicht vernachlässigt werden. Werden – wie im vorliegenden Kontext – soziale Netzwerke auf individuelle Akteure bezogen und aus deren Perspektive heraus analysiert, können diese auch als persönliche Netzwerke bezeichnet werden (Petermann 2002: S. 55). Diese kennzeichnen dabei die Form, in der sich die Selektivität von Kontakten sowie die Relevanz und Zugänglichkeit spezifischer Personen und/oder Gruppen ausdrückt (Holzer 2006: S. 14).

Basis persönlicher Netzwerke sind alltägliche Interaktionen aus denen sich Beziehungen entwickeln. In Kommunikation und Interaktion realisierte soziale Kontakte – als Grundlage des Beziehungs- und somit des Netzwerkaufbaus – entstehen in sozialen Kontexten wie bspw. Familie oder Arbeitsplatz, in welchen soziale Aktivitäten organisiert sind (Petermann 2002: S. 64). Gemäß der Fokustheorie eröffnen gemeinsame Fokusse im Sinne eines gemeinsamen Kontextes mit übereinstimmenden und wiederholten Interaktionen, Aktivitäten und Zielstellungen Beziehungspotentiale, welche als Grundlage sozialer Beziehungen angesehen werden können (ebd.: S. 64f). Deutlich wird dabei jedoch nicht, warum aus diesen fokusgebundenen Interaktionen auch tatsächlich Beziehungen realisiert werden sollten. Tatsächlich entstehen soziale Beziehungen erst aus bewussten Entscheidungen von Personen darüber, ob vorhandene

Beziehungspotentiale auch genutzt werden bzw. zum Fortbestand von Beziehungen beigetragen wird.

„Soziale Beziehungen entstehen damit in zwei Stufen. Erstens steht durch Interaktion in sozialen Kontexten ein Beziehungspotential zur Verfügung. Zweitens treffen Individuen Entscheidungen, ob diese Kontakte auch in dauerhafte soziale Beziehungen münden" (ebd.: S. 66).

Gründe für Beziehungsentscheidungen können dabei Freundschaft und Sympathie, Angewiesenheit oder aber auch Nutzenkalküle sein. Weiterhin wird das Zustandekommen von Beziehungen bzw. die Entscheidung für ebendiese durch sozialstrukturelle Gelegenheiten und Restriktionen, soziodemographische Merkmale und persönliche Eigenschaften sowie bspw. familiäre und berufliche Verpflichtungen oder andere Umständen bestimmt (ebd.: S. 67f).

Strukturell-formale Aspekte von sozialen Beziehungen in persönlichen sozialen Netzwerken werden in der Forschung zu informellen Beziehungsnetzwerken und zur sozialen Unterstützung entlang von sieben Strukturmerkmalen gefasst, wobei je nach Beziehungstyp bzw. -kontext verschiedene Ausprägungen dieser Strukturmerkmale bestehen (Straus 2002: S. 26ff). In der nachfolgenden Tabelle Nr. 1 werden die Strukturmerkmale und – je nach Beziehungskontext – die unterschiedlichen Ausprägungen dargestellt.

Merkmal \ Beziehung:	Familie Verwandtschaft	Familie Kinder	Familie Ehe	Freunde	Nachbarn	Vereine
Anzahl	Dyade/ Gruppe	Dyade/ Gruppe	Dyade	Dyade/ Gruppe	typ. Dyade	Gruppe
Wahlfreiheit	Nein	nein	ja	ja	bedingt	ja
Gleichheit						
- Alter	- xxx	- nein	- typ. ja	- typ. ja	- xxx	- xxx
- Geschlecht	- xxx	- xxx	- nein	- xxx	- xxx	- xxx
- sozialer Status	- xxx	- xxx	- xxx	- typ. ja	- xxx	- xxx
Wissensgrad						
- Intimität	- xxx	mittel bis sehr hoch	- hoch	- min. mittel	- typ. gering	- typ. gering
- biogr. Wissen	- ja		- hoch	- min. mittel	- typ. gering	- typ. gering
Institut.grad						
- rechtlich	- min. etwas	- mittel	- hoch	- nein	- nein	- niedrig
- Reziprozität	- xxx	- typ. direkt	- generalisiert	- min. verzögert	- typ. direkt	- direkt bis verzögert
Zeit						
- erlebte Dauer	- xxx	- mittel	- mittel	- xxx	- xxx	- xxx
- anteilige Dauer	- xxx	- lang	- lang	- min. mittel	- xxx	- xxx
- Häufigkeit	- xxx	- zeitw. oft	- sehr oft	- typ. regelmäßig	- typ. zufällig	- typ. regelmäßig
- Art	- xxx	- face-to-face	- face-to-face	- xxx	- face-to-face	- face-to-face
Raum						
- räumliche Nähe	- xxx	- zeitw. ja	- typ. ja	- xxx	- sehr nah	- typ. ja
- eigener Ort	- xxx	- zeitw. ja	- ja	- nein	- nein	- ja

Tabelle Nr.1: Strukturmerkmale sozialer Beziehungen (Hollstein zitiert nach Straus 2002: S. 29)

Die Gestaltung persönlicher sozialer Netzwerke vollzieht sich aus Akteursperspektive also aus gemeinsamem Kontexten und Fokussen, sozialen Interaktionen, verschiedenartigen Gelegenheiten und Restriktionen sowie durch bewusste Entscheidungen hinsichtlich der Nutzung des vorhandenen Beziehungspotentials, wobei die unterschiedlichen sozialen Beziehungen durch verschiedene Strukturmerkmale gekennzeichnet sind.

3.2. Soziale Netzwerke in ihrer Ressourcenfunktion

Persönliche soziale Netzwerke im oben skizzierten Sinn verweisen nicht nur auf vielfältige Eingebundenheiten von sozialen Akteuren, sondern weisen auch ein enormes Potential an Ressourcen auf. So betont Petermann (2002), dass soziale Netzwerke in nahezu allen Lebensbereichen wie bspw. bei der Suche nach einer Arbeitsstelle, bei der Suche nach Hilfe im Haushalt oder aber auch zur Bewältigung akuter Krisen oder kritischer Lebensereignisse eine wichtige Position einnehmen (ebd.: S. 53).

Im Rahmen des vorliegenden Kapitels werden nun zentrale, teilweise überlappende Konzepte eingeführt, welche den Blick für die Ressourcenfunktion persönlicher sozialer Netzwerke und deren Bedeutung für den individuellen Akteur öffnen. In diesem Kontext werden als erstes die unterschiedlichen Wirkweisen starker und schwacher Bindungen skizziert (Kapitel 3.2.1.) und anschließend die Konzepte des Sozialkapitals (Kapitel 3.2.2.) sowie der sozialen Unterstützung (Kapitel 3.2.3) dargestellt.

3.2.1. Konzept I: Starke und schwache Bindungen

Werden soziale Beziehungen einer näheren Betrachtung unterzogen, kann zwischen starken und schwachen Bindungen unterschieden werden, welche jeweils unterschiedliche Potentiale hinsichtlich der Entfaltung von Ressourcen aufweisen. Die theoretische Fassung dieser unterschiedlichen Potentiale entspringt einer Arbeitsmarktstudie von Mark S. Granovetter (1973) über die Auswirkung sozialer Beziehungen auf Informationsfluss, Mobilitätschancen und die Organisationsfähigkeit von Gemeinschaften. Die Stärke einer Bindung sieht er als eine Kombination aus der Zeit, der Intimität und der emotionalen Intensität sowie der reziproken Dienstleistungen, welche eine Beziehung kennzeichnen (Granovetter zitiert nach Kriesi 2007: S. 38). Dem folgend zeichnen sich starke Bindungen durch einen hohen zeitlichen Unterhaltsaufwand aus, bieten Nähe, Vertrauen und Hilfeleistungen und werden als emotional intensiv empfunden. Starke Bindungen finden sich vor allem in der Familie und im Freundeskreis. Schwache Bindungen hingegen sind durch eine geringe zeitliche und emotionale Intensität geprägt und finden sich eher im weiteren Bekanntenkreis oder im Arbeitsplatzsetting. Die Ergebnisse der Studie Granovetters (1973) erscheinen auf den ersten Blick paradox. So bieten starke Bindungen zwar ein Mehr an instrumenteller und emotionaler Unterstützung bei akuten Krisen und Wechselfällen des Lebens, können jedoch zu einer Schließung von Netzwerken und somit zu einer Eingrenzung von individuellen Möglichkeiten führen, während schwache Bindungen unentbehrlich für die individuelle Entfaltung und für die Integration in Gemeinschaften sind (ebd.: S. 1378). Die Erklärung hierfür ist dabei ebenso einfach wie einleuchtend: Je stärker zwei Individuen aneinander gebunden sind, desto stärker überschneiden sich auch ihre persönlichen Netzwerke, weil sie zum Beispiel besonders viel Zeit miteinander verbringen, weil sie sich gegenseitig mit ihren Freunden zusammenbringen und sich wahrscheinlich ähnlich sind (ebd.: 1362). Starke Bindungen tendieren somit dazu, innerhalb einer bestimmten Gruppe vorhanden zu sein und lediglich innerhalb dieser Gruppe Ressourcenpotentiale zu entfalten, wohingegen schwache Bindungen Mitglieder verschiedener Gruppen verbinden. Eine Gemeinschaft, die durch eine gemeinsame Geschichte und lebenslange Freundschaften gekennzeichnet ist, bildet keine oder wenige schwache Bindungen nach außen, denn um schwache Bindungen zu formen, ist es notwendig sich in unterschiedlichen Kontexten zu bewegen (ebd.: 1375). Schwache Bindungen zu Personen, die sich vermehrt in anderen Netzwerken bewegen, fördern wiederum den Zugang zu Ressourcen, die außerhalb eigener enger Kreise liegen (Straus 2002: S. 99). Festzuhalten ist also, dass starke Bindungen Unterstützungspotentiale innerhalb geschlossener Kreise bereithalten, schwache Bindungen hingegen eine Brückenfunktion zwischen verschiedenen Netzwerken und dort vorhandenen Ressourcen einnehmen und somit die Facette an zugänglichen Ressourcen erweitern.

3.2.2. Konzept II: Sozialkapital

Das Konzept des Sozialkapitals wurde vor allem durch Pierre Bourdieu (1983) und James Coleman (1988) in die Sozialwissenschaften eingeführt. Bourdieu (1983) definiert Sozialkapital als Beziehungs- und Netzwerkkonstrukt, das verstanden wird als:

> „[...] die Gesamtheit der aktuellen und potentiellen Ressourcen, die mit dem Besitz eines dauerhaften Netzes von mehr oder weniger institutionalisierten Beziehungen, gegenseitigen Kennens und Anerkennens verbunden sind; oder anders ausgedrückt, es handelt sich dabei um Ressourcen, die auf der Zugehörigkeit zu einer Gruppe beruhen" (ebd.: S. 190).

Soziales Kapital kann also als in Netzwerken gespeichertes Vermögen der Ressourcenmobilisierung angesehen werden, zu dem individuelle Akteure auf Basis ihrer sozialen Beziehungen und Zugehörigkeiten Zugang haben. Somit ist Sozialkapital innerhalb sozialer Strukturen bzw. in sozial-ökologischen Kontexten verortet und speist sich aus Handlungen der Individuen, welche diesen Strukturen und Kontexten angehören. Der individuelle Sozialkapitalstock ergibt sich dabei aus den Ressourcen, die innerhalb eines solchen Kontextes aktiviert werden können (Coleman zitiert nach Stecher 2001: S. 52f). Sozialkapital entfaltet somit eine produktive Wirkung, da es erlaubt, Ziele und Interessen unter Rückgriff auf Ressourcen Dritter – wie beispielsweise Kenntnisse, soziale Unterstützung, Fertigkeiten oder Einfluss – zu realisieren, die sonst nicht zu erreichen wären (Kriesi 2007: S. 24f). Sozialkapital kann dementsprechend als semi-privates Gut definiert werden, da die Verfügungsmöglichkeiten nicht nur vom Bittsteller, sondern auch vom Empfänger der Bitte abhängig sind (Franzen/Pointner 2007: S. 67f). Die Konstitution von Sozialkapital sowie die Möglichkeiten zur Nutzung desselben ergeben sich weiterhin aus der Ausdehnung bzw. Größe des Netzes mobilisierbarer Beziehungen, der Homogenität bzw. Heterogenität der hierin befindlichen Personen, der hiermit verbundenen Frage nach Art und Verfügbarkeit der Ressourcen der Kontaktpersonen sowie der Stellung des einzelnen Akteurs im Netzwerk (Haug 2007: S. 86).

Beim sozialen Austausch im Sinne des Sozialkapitals handelt es sich um eine Abfolge zeitversetzter Leistungen, wobei Vorleistungen im Rahmen einer durch Vertrauen abgesicherten Reziprozitätserwartung erbracht werden (Diekmann 2007: S. 51). Die Entscheidung darüber, ob einem Akteur vertraut werden kann – also ob dieser sich reziprok kooperativ verhalten wird – wird über dessen Reputation gefällt. Eine positive Reputation ergibt sich dabei aus in der Vergangenheit liegenden positiven Erfahrungen über kooperatives, reziprokes Verhalten (ebd.: S. 51). Soziales Kapital und Investitionen in Beziehungen leben also von geteilter Vergangenheit und bauen auf die Zukunft der jeweiligen Beziehung. Es kann davon ausgegangen werden, dass mit der Größe des Vertrauens in einem sozialen Netzwerk auch das Ausmaß an darin vorhandenem Sozialkapital anwächst (Franzen/Pointner 2007: S. 69). Eine im Kontext der vorliegenden Arbeit besonders relevante Ausformung des Sozialkapitals stellt das im Folgenden skizzierte Konzept der sozialen Unterstützung dar.

3.2.3. Konzept III: Soziale Unterstützung

Das Konzept der sozialen Unterstützung fokussiert auf Auswirkungen der Integration von Individuen in soziale Netzwerke. Ausgangspunkte bilden hierbei die Effekte der in sozialen Beziehungen geleisteten bzw. wahrgenommenen Unterstützung auf die psychische und physische Gesundheit des Einzelnen (Diaz-Bone 1997: S. 111). Dem folgend bezeichnet der Begriff Soziale Unterstützung Fremdhilfen, die einer Person:

> „[…] durch Beziehungen und Kontakte mit seiner sozialen Umwelt zugänglich sind und die dazu beitragen, dass die Gesundheit erhalten bzw. Krankheiten vermieden, psychische oder somatische Belastungen ohne Schaden für die Gesundheit überstanden und die Folgen von Krankheiten bewältigt werden" (Bandura zitiert nach Nestmann/Wehner 2008: S. 13).

Soziale Unterstützung wird somit interaktional als Beziehungskonstrukt definiert und steht für diejenigen Mechanismen in zwischenmenschlichen Beziehungen, die Individuen gegen gesundheitsgefährdende Stressoren abschirmen (ebd.: S. 13).

Hinsichtlich der Effekte werden der Haupteffekt sowie der Puffereffekt sozialer Unterstützung unterschieden. Der Haupteffekt postuliert, dass bereits die Einbettung in soziale Netzwerke sowie die hiermit verbundene Erwartbarkeit von Hilfe zu einer Steigerung des Selbstwertgefühls und des Selbstvertrauens führen, also unabhängig von konkreten Stressoren physische und psychische Gesundheit sowie eine positive Entwicklung gefördert wird (ebd.: S. 14). Der Puffereffekt hingegen wirkt sich bei Eintritt von als Belastung wahrgenommenen Ereignissen aus. So wird davon ausgegangen, dass personale Systeme sozialer Unterstützung:

> „[…] in erster Linie Individuen dabei unterstützen, unangenehme und negative Folgen belastender Lebensereignisse auf ihren psychischen und physischen Gesundheitszustand zu moderieren, zu dämpfen oder zu neutralisieren (Nestmann 1991: S. 50).

Im Zuge des Puffereffektes werden soziale Netzwerke als Lieferant für konkrete Ressourcen angesehen. Die durch das Netzwerk bereitgestellte soziale Unterstützung trägt in diesem Rahmen dazu bei, dass Individuen in die Lage versetzt werden, aktiv Coping-Strategien zu entwickeln sowie Ressourcen freizusetzen, welche negative Folgen von Stressoren neutralisieren bzw. kompensieren (Diaz-Bone 1997: S. 117).

Dimensionen sozialer Unterstützung bilden Ressourcen, die aus kognitiven und emotionalen Aspekten sowie aus Verhaltensaspekten informeller sozialer Beziehungen erwachsen (Diewald zitiert nach Diaz-Bone 1997: S. 112). Eine dementsprechende Typologie sozialer Unterstützung bietet Diewald (zitiert nach ebd.: S. 113):

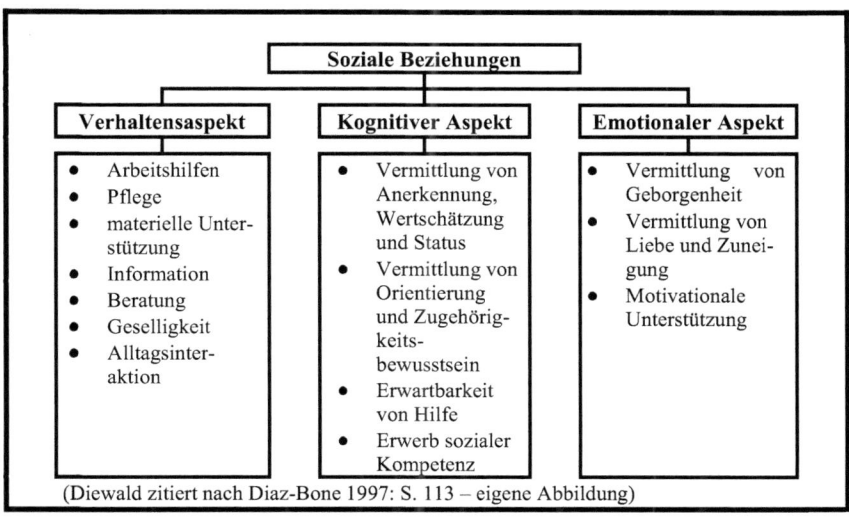

Abbildung Nr. 1: Inhaltliche Typologie sozialer Unterstützung

Die hier vorgenommenen Differenzierungen sind dabei rein analytischer Natur, da die verschiedenen Dimensionen aufgrund von Gleichzeitigkeiten und Überschneidungen nicht isoliert betrachtet werden können und – abgesehen vom Verhaltensaspekt – kaum in konkreten Interaktionen beobachtbar sind. (ebd.: S. 113f).

Die Unterstützungsformen des Verhaltensaspektes verweisen vornehmlich auf instrumentelle Aspekte sozialer Unterstützung, welche absichtsvoll als Mittel zur Zielerreichung eingesetzt werden können. So umfasst der Verhaltensaspekt sozialer Beziehungen mit der *materiellen Unterstützung* das Überlassen von Dingen und mit den *Arbeitshilfen* Tätigkeiten und Dienstleistungen, wie bspw. etwas ausleihen oder Kinderbetreuung. *Pflege* unterscheidet sich hiervon dadurch, dass hier nicht für, sondern an einer Person Dienste geleistet werden. *Information* umfasst sachbezogene Informations- und Wissensvermittlung, *Beratung* hingegen personenbezogene Austausch- und Informationshandlungen sowie Ratschläge. *Geselligkeit* umfasst gemeinsame Tätigkeiten, die zu Entspannung und positiver Gemütslage beitragen und überschneidet sich mit der *Alltagsinteraktion*, welche schließlich auf verhaltensstabilisierende Routinen und Regelmäßigkeiten verweist (Diewald zitiert nach ebd.: S. 114).

Die im Kontext des kognitiven und des emotionalen Aspektes sozialer Beziehungen verorteten Ressourcen sind nicht instrumentell einsetzbar, werden als Selbstzweck erlebt. Kognitionen werden in Alltagskontexten vermittelt, können individuell stabilisierend und somit sozial integrativ wirken, werden mehrheitlich unbewusst geleistet und betreffen Ressourcen der persönliche *Wertschätzung, Verhaltensorientierung, Zugehörigkeitsbewusstsein* und hiermit verbunden die *Erwartbarkeit von Hilfe* sowie den *Erwerb sozialer Kompetenz* (Diewald zitiert nach ebd.: S. 114f). Dabei besteht zwischen kognitiven und emotionalen Aspekten sozialer Beziehungen ein Überlappungsverhältnis. So wirken sowohl die analytisch von den kognitiven Ressourcen unterscheidbaren emotionalen Ressourcen der *Vermittlung von Liebe, Geborgenheit* und *Motivation* auf die kognitiven Ressourcen als auch umgekehrt die kognitiven auf die emotionalen Ressourcen (Diewald zitiert nach ebd.: S. 115).

Der tatsächliche Austausch sozialer Unterstützung konstituiert sich in sozialen Handlungen von zielorientierten Akteuren, welche im Bedarfsfall die Bereitstellung adäquater Unterstützungsressourcen erwarten. Voraussetzung für das Zustandekommen eines Austausches sozialer Unterstützungsleistungen ist die eher diffuse Verpflichtung des Unterstützungsempfängers zu adäquaten Gegenleistungen gegenüber dem Unterstützungsgeber sowie dessen Vertrauen in den Unterstützungsempfänger, diese im Bedarfsfall auch bereitzustellen (Petermann 2002: S. 92ff). Somit liegt hier eine

Reziprozitätsnorm zugrunde, deren Minimalforderung es ist, den eigenen Helfern auch zu helfen. Das tatsächliche Angebot und der tatsächliche Nutzen informeller sozialer Unterstützung richten sich dabei nach individuellen Gelegenheiten und Restriktionen, die sich aus Strukturmerkmalen der persönlichen Netzwerke und der Sozialstruktur zusammensetzen (ebd.: S. 98). Ein hohes Angebot und ein hoher Nutzen sind dann zu erwarten, wenn sich Akteure von Netzwerkpersonen unterstützen lassen, mit denen sie Erfahrungen, Einstellungen, Interessen und Werte teilen, aufgrund derer ein gemeinsames Verständnis um Bedürfnisse und Wünsche des Anderen vorhanden ist (ebd.: S. 101). Die konkrete Akquirierung sozialer Unterstützung ist dabei von den Netzwerkpersonen und deren Ressourcen, den Mobilisierungspotentialen und Strategien des jeweiligen Akteurs sowie dessen eigenen personalen Ressourcen abhängig (Diaz-Bone 1997: S. 117). Weiterhin wird die Nachfrage nach sozialer Unterstützung durch bestehende individuelle Lebenslagen und dementsprechende Bedürfnisse beeinflusst. Abschließend ist zum Konzept der sozialen Unterstützung allerdings noch anzumerken, dass das Vorhandensein sozialer Beziehungen nicht mit dem Gewähren sozialer Unterstützung gleichgesetzt werden kann, sondern diese Beziehungen im Hinblick auf deren Unterstützungspotential und der tatsächlich erbrachten sozialen Unterstützung einer genauen Betrachtung unterzogen werden müssen.

3.3. Soziale Netzwerkarbeit

Die soziale Netzwerkarbeit schließt sowohl an die oben skizzierte sozialarbeitstheoretische Perspektive in ihrer sozialökologischen und ressourcenorientierten Ausprägung unter der Betrachtung konkreter Lebenslagen als auch an die netzwerktheoretische Perspektive an, indem sie auf soziale Beziehungsmuster und Relationen sowie die hierin enthaltenen Unterstützungs- und Ressourcenpotentiale fokussiert. So stellt sie Schnittstellen und Bezüge von Individuen, sozialen Gruppen und deren Umwelt in den Mittelpunkt und kann Methoden und Handlungsansätze wie bspw. die Ressourcen- oder Sozialraumorientierung[7] integrieren (Bullinger/Nowak 1998: S. 14f). Für die netzwerkorientierte Soziale Arbeit ist es dem folgend als zentral anzusehen, dass:

„[...] ein unterstützungs- und netzwerkorientierter Beratungsansatz soziale Bindungen als entscheidende Hilfequelle, als alltäglichen Rückhalt und als Stütze für individuelle und kollektive Problembearbeitung oder -bewältigung definiert" (Nestmann 1991: S. 48).

---

[7] Eine umfassende Einführung in die sozialarbeiterische Sozialraumorientierung bietet Schönig (2008).

Dabei wird darauf abgezielt, nicht hinreichende oder brüchige Netzwerke zu stabilisieren und auszubauen und/oder innerhalb der Netzwerke vorhandene Unterstützungspotentiale und Ressourcen zu identifizieren und zu nutzen. Im Rahmen dieser Betrachtungsweise wird soziale Netzwerkarbeit verstanden als:

> „[…] ein sozialpädagogisches Handlungsmodell, das aufbauend auf Methoden und Befunden der sozialen Netzwerkforschung durch die Analyse, Nutzung, Gestaltung und Ausweitung des Beziehungsgeflechts der Klienten zu Personen, Gruppen und Institutionen auf eine Optimierung ihrer Unterstützungsnetzwerke und damit auf die Stärkung ihrer Selbsthilfepotentiale abzielt und sich zu diesem Zweck unterschiedlichster Techniken der Analyse von und Einflussnahme auf Klientennetzwerke bedient" (Galuske 2005: S. 285).

Dementsprechend nimmt professionelle soziale Unterstützung die Rolle eines Förderers informeller Unterstützungsstrukturen und -prozesse in sozialen Netzwerken ein und knüpft an den Adressaten, deren Lebenslagen und Netzwerken sowie Umweltbedingungen in ihrer gegenseitigen Beeinflussung an (Nestmann 1991: S. 49).

Dieser Aufgabenstellung folgend erweist es sich zunächst als erforderlich, zu analysieren, in welche Beziehungsgeflechte und Netzwerke die jeweiligen Adressaten Sozialer Arbeit eingebunden sind. Dies geschieht im Rahmen von Netzwerkanalysen, in der Sektoren wie bspw. Familie, Freundschaft oder das Arbeitsplatzsetting sowie hierin die Akteure, mit denen eine Person aktuell verbunden ist sowie die jeweilige Beziehungsqualität erfasst und bezüglich aktueller, für den Adressaten relevanter Fragestellungen analysiert werden (Straus 1990: S. 507ff).[8] Der Vorteil solcher Analysen liegt in der Möglichkeit, verschiedene Lebensbereiche von Adressaten Sozialer Arbeit differenziert zu erfassen, tatsächliche soziale Beziehungen zu ergründen, das soziale Umfeld zu strukturieren sowie Stärken und Schwächen sozialer Netzwerke herauszuarbeiten und zu verstehen sowie schließlich auf dieser Grundlage soziale Unterstützung und sozialarbeiterische Interventionen zu bestimmen (Bullinger/Nowak 1998: S. 90).

---

[8] Für die Erfassung persönlicher sozialer Netzwerke favorisiert der Verfasser in diesem Kontext die Methode Egonet-QF nach Straus (2002; 2004). Diese stellt originär zwar eine Methode der empirischen Sozialforschung dar, kann allerdings auch in der psychosozialen Praxis eingesetzt werden. Da Egonet-QF im Rahmen der vorliegenden Arbeit auch als empirische Methode der Datenerhebung eingesetzt und dementsprechend in Kapitel 5.3.2. näher erläutert wird, wird an dieser Stelle auf eine Erörterung dieser Methode verzichtet. Eine stichpunktartige Auflistung weiterer Methoden zur Erfassung klientenzentrierter Netzwerke sowie eine Einführung in verschiedene Analysekriterien bieten Bullinger/Nowak (1998).

An dieser Stelle ist anzumerken, dass die Analyse persönlicher sozialer Netzwerke sowie die hieraus folgenden Interventionen einen tiefen Eingriff in die Privatsphäre der jeweiligen Adressaten bedeuten. Um die Autonomie und den Subjektstatus des Adressaten zu wahren, ist es aus diesem Grund dringend erforderlich, nur unter dessen Einverständnis zu agieren, diesen über das jeweilige Verfahren, entsprechende Konsequenzen und Dokumentationsschritte aufzuklären, kontrollierende Aspekte der sozialarbeiterischen Tätigkeit offen zu legen, mit eigenen Vorstellungen und Wertmaßstäben zurückhaltend umzugehen und diese zu erläutern sowie das Bewusstsein dafür zu behalten, dass soziale Netzwerke als persönliche Ressource anzusehen sind und durch inadäquate Interventionen zerstört werden könnten (ebd.: S. 133ff). Netzwerkbezogene Interventionen erfordern somit ein hohes Maß an demokratischer Entscheidungsfindung und die konsequente Partizipation des Adressaten.

Ziele netzwerkbezogener Unterstützungsleistungen können personen- und/oder umweltbezogen sein. Personenbezogene Unterstützungsleistungen richten sich auf Wahrnehmungen, Einstellungen, Gefühle und Handlungen eines Individuums mit dem Ziel, personenabhängige Barrieren für soziale Unterstützung abzubauen und soziale Fertigkeiten zu generieren, welche Unterstützung wahrscheinlicher werden lassen (ebd.: S. 140). Umweltbezogene Unterstützungsleistungen hingegen richten sich auf die Veränderung der unterstützenden Netzwerkpersonen mit dem Ziel, dass deren Unterstützungsleistungen den Bedürfnissen der Adressaten besser gerecht werden und diese differenzierter wahrgenommen und interpretiert werden sowie auf die Modifikation und/oder den Neuaufbau von Netzwerkstrukturen (ebd.: S. 141f).

Die konkrete netzwerkbezogene Intervention kann indirekt oder direkt erfolgen. Im Rahmen der indirekten Netzwerkintervention fungiert der Sozialarbeiter als Ratgeber, wie der Klient sein Netzwerk gewinnbringend verändern kann. Im Rahmen der direkten Netzwerkintervention sucht der Sozialarbeiter auch aktiven Kontakt zu Netzwerkpersonen, um diese für konkrete Unterstützungsleistungen zu gewinnen (ebd.: S. 172). Grundsätzlich können sich die Strategien dabei auf den Erhalt, die Erweiterung, die Redefinition durch Vertiefung von Beziehungen, die Sanierung des Netzwerkes durch radikale Veränderungen in seiner Struktur oder auf die Stärkung des Netzwerkumfeldes beziehen (Paulus; Fyrand nach ebd.: S. 172f).[9]

---

[9] An dieser Stelle eine weitere Ausdifferenzierung konkreter Techniken und Arbeitsweisen der Netzwerkarbeit, wie bspw. die Helfer- oder Netzwerkkonferenz vorzunehmen, würde den Rahmen vorliegender Arbeit bei weitem sprengen, vor allem aber an dieser Stelle keinen weiteren inhaltlichen Gewinn mit sich bringen. Verwiesen wird hierzu jedoch auf Bullinger/Nowak (1998) sowie auf Stimmer (2006). Weitere Anregungen hinsichtlich der Arbeit mit und in Netzwerken liefert Otto (2005).

4. Russlanddeutsche (Spät-) Aussiedler

Russlanddeutsche (Spät-) Aussiedler sind im juristischen Sinne keine Migranten. Dies entspricht in weiten Teilen ihrem geschichtlich geprägten Selbstverständnis, nach dem sie sich als Deutsche sehen, die nach über 250 Jahren wieder in ihre Heimat zurückkehren (Schmidt-Bernhardt 2008: S. 14). Im Folgenden werden zunächst die dieses Verständnis generierenden historischen Hintergründe dargestellt (Kapitel 4.1.), um anschließend den Begriff russlanddeutsche (Spät-) Aussiedler zu definieren (Kapitel 4.2.). Daraufhin werden die Entwicklung und die Struktur des Zuzuges sowie die Problematik der Erfassung russlanddeutscher (Spät-) Aussiedler in der amtlichen Statistik thematisiert (Kapitel 4.3.). Dieses Kapitel abschließend werden für die Zielgruppe spezifische netzwerkrelevante Aspekte skizziert (Kapitel 4.4.).

4.1. Historische Hintergründe

Ein Verständnis des Begriffs russlanddeutsche (Spät-) Aussiedler sowie die heutige Situation dieser Bevölkerungsgruppe in der Bundesrepublik kann nur hervorgerufen werden, wenn der Tatsache Rechnung getragen wird, dass diese als Nachfahren deutscher Kolonisten auf eine lange Geschichte des Lebens in den Gebieten der ehemaligen Sowjetunion zurückblicken kann. Dem folgend wird nun ein Blick auf die Geschichte geworfen und die Auswanderung deutscher Kolonisten in die Gebiete der ehemaligen Sowjetunion (Kapitel 4.1.1.), Veränderungen der Rahmenbedingungen des Lebens in diesen Gebieten über die Zeit hinweg (Kapitel 4.1.2.) sowie die Rückwanderung nach Deutschland (Kapitel 4.1.3.) einer näheren Betrachtung unterzogen.

4.1.1. Auswanderung

Die erste Wanderungsbewegung deutscher Kolonisten in das damalige Zarenreich Russland fand im beginnenden 18. Jahrhundert unter Zar Peter I. (1689-1725) statt, welcher zur Modernisierung des Landes Fachkräfte aus den Bereichen Wissenschaft, Handwerk und Militär anwarb (Schmitt-Rodermund 1999: S. 51). Die in diesem Rahmen ausgewanderten Deutschen ließen sich vor allem in den russischen Städten nieder, wo sie eigene Gemeinden mit eigener kultureller Infrastruktur bildeten (Baaden 1997: S. 24). Die zweite und größte Wanderungswelle ist der Kolonialisierungspolitik unter Zarin Katharina II. (1762-1796) zuzuschreiben, welche 1763 ein Einladungsdekret erließ, in dem sie bäuerliche Siedler anwarb, um die Entwicklung dünn besiedelter Gebiete an der Wolga, in der Ukraine, am Schwarzen Meer sowie auf der Krim und im Kaukasus voranzutreiben (ebd.: S. 25f). Die in diesem Rahmen angeworbenen Siedler wurden mit Privilegien wie Befreiung von der Wehrpflicht, Steuerbefreiungen, kultureller Selbstverwaltung und Religionsfreiheit versehen (Vogelsang 2008: S. 37). Die angeworbenen Siedler kamen vor allem aus der Pfalz, dem Rheinland, Hessen, Nordbaden und Nordbayern. Gründe für ihre Aussiedlung waren Hunger, Armut, ein Klima religiöser Intoleranz und Unterdrückung durch die absolutistischen Herrscher in den Herkunftsregionen sowie die Aussicht auf eigenen Landbesitz (Baaden 1997: S. 26). Bis zum Ende des 18. Jahrhunderts wurden in den oben benannten russischen Gebieten mehr als 300 Mutter- und 3000 Tochterkolonien gebildet, die in kultureller und wirtschaftlicher Blüte standen (Vogelsang 2008: S. 37). Das Leben war dabei an Deutschland orientiert: Deutsche Traditionen wurden gepflegt, Architektur, Speisen, Liedgut, Spiele und Ortsnamen wurden unter einer weitgehenden Separation der Deutschen von der einheimischen Bevölkerung bewahrt (Schmidt-Bernhardt 2008: S. 28f).

4.1.2. Zeit in Russland

Unter Zar Alexander II. (1855-1881) begann sich die Lage der Deutschen in Russland zu verschlechtern. So setzte dieser ab 1871 eine Russifizierungspolitik durch, in deren Zuge die privilegierte Stellung der deutschen Siedler demontiert, deutsche Selbstverwaltung aufgehoben und die Wehrpflicht auch auf Deutsche ausgedehnt wurde (Schmidt-Bernhardt 2008: S. 29f).

Vor dem Horizont des ersten Weltkrieges verschlechterte sich die Lage der Deutschen in Russland weiter, da dieser eine antideutsche Welle auslöste, nach der Deutsche als Erfüllungshilfen des deutschen Reiches markiert wurden. Trotz hiermit verbundener Weiter- und Rückwanderungen wuchs die Deutsche Bevölkerung in Russland bis auf 2,4 Millionen Personen im Jahr 1914 an (ebd.: S. 30). Mit Beginn des ersten Weltkriegs verschärften sich die Repressalien. So wurde der Gebrauch der deutschen Sprache unter Strafe gestellt und es fanden Enteignungen und Deportationen statt (ebd.: S. 30f).

Im Zuge der Oktoberrevolution und der Machtübernahme Lenins kam es zu einer kurzfristigen Verbesserung des ethnischen Status der Russlanddeutschen und das Wolgagebiet wurde als autonomes deutsches Gebiet unter kultureller Eigenständigkeit anerkannt (Schmidt-Bernhardt 2008: S. 30f). Mit der Machtübernahme Stalins wurde diese Autonomie jedoch wieder aufgehoben und bis ins Jahr 1931 95 % des deutschen Grundbesitzes enteignet und in Kollektiveigentum überführt (ebd.: S. 32).

Mit der Machtergreifung Hitlers verdunkelte sich die Lage der Deutschen in Russland weiter, da sie Ziel starker antideutscher Propagandamaßnahmen wurden und einem ständigen Kollaborationsvorwurf unterlagen (Winter-Heider 2009: S. 35). Mit dem Angriff Nazideutschlands auf die Sowjetunion am 22. Juni 1941 wurde der Kollaborationsvorwurf intensiviert und hielt als Begründung für die Deportation der Russlanddeutschen vor allem nach Sibirien und Mittelasien her (ebd.: S. 36). Während des Krieges wurden so über eine Million Russlanddeutsche deportiert (Baaden 1997: S. 33). Die deportierten Deutschen wurden in Arbeitslagern untergebracht, mussten Zwangsarbeit verrichten und verloren ihre kulturelle Eigenständigkeit vollständig zugunsten eines rechtlosen Status (Schmidt-Bernhardt 2008: S. 40).

Nach dem Ende des zweiten Weltkrieges galten Deutsche in der Sowjetunion weiterhin als Faschisten und mussten für Hitlers Krieg büßen. Weitere Deportationen, ein Leben in Arbeitslagern und Sondersiedlungen sowie die Unterdrückung jeglichen deutschkulturellen Lebens waren die Folge (Baaden 1997: S. 35). Erst im Rahmen der Aufnahme diplomatischer Beziehungen zwischen der BRD und der Sowjetunion im Jahre 1955 wurde ein Dekret zur Entlassung der Deutschen aus den Zwangsarbeitslagern erlassen. Die Rückkehr in die Heimatregionen sowie eine Entschädigung für verlorene Besitztümer wurde allerdings verwehrt (ebd.: S. 35). Im Jahre 1964 wurden die Russlanddeutschen schließlich formal rehabilitiert, die deutsche Sprache und die deutsche Kultur blieben jedoch weiterhin diskriminiert, da russisch in allen Republiken zur Amtssprache wurde und die Sprachen und Traditionen von Minderheiten zurückgedrängt wurden (Winter-Heider 2009: S. 38). Später wurde der Deutschunterricht zwar wieder zugelassen, trotzdem verzichteten viele Eltern auf eine muttersprachliche Erziehung, um berufliche Chancen ihrer Kinder zu verbessern und sich nicht selbst in die gesellschaftliche Isolation zu drängen. Auch im Privatgebrauch nahm die Nutzung der deutschen Sprache ab, so dass ab den 1980er Jahren eine vermehrte Hinwendung zum Russischen attestiert werden konnte (Baaden 1997: S. 37). Die so einsetzende Akkulturation drückte sich auch in einer zunehmenden Anzahl von Mischehen aus (Winter-Heider 2009: S. 39). Trotz der für die Deutschen in Russland negativen geschichtlichen Entwicklung wurden in der Volkszählung von 1989 ca. 2,4 Millionen Deutsche in den Nachfolgestaaten der Sowjetunion erfasst (Hilkes zitiert nach ebd.: S. 39).

4.1.3. Rückwanderung

Vor der ab Mitte der 1980er Jahre einsetzenden Glasnost-Politik Gorbatschows hatte sich die Frage der Ausreise aus der Sowjetunion kaum gestellt, da Ausreisegenehmigungen häufig jahrzehntelanges Warten und Repressalien seitens der Behörden bedeuteten (Graudenz/Römhild 1996: S. 32). In der Ära Gorbatschow wurden diese Ausreisebestimmungen jedoch liberalisiert, was zu einem starken Anstieg der Aussiedlungen führte (Baaden 1997: S. 41). Die tatsächliche Rückkehr der Russlanddeutschen in die Bundesrepublik Deutschland ist dabei einer Gemengelage verschiedenster Pull- und Push-Faktoren sowie persönlichen Beziehungen geschuldet (Reich 2005: S. 110f). Aufgrund der jahrzehntelang erlittenen Marginalisierung der Russlanddeutschen in der Sowjetunion und der damit Verbundenen Diskriminierung und Unterdrückung des deutschkulturellen Lebens kann als eines der zentralen Ausreisemotive der Wunsch nach einer bzw. die Hoffnung auf eine Heimat, in der als Deutsche unter Deutschen gelebt werden kann, angesehen werden (Baaden 1997: S. 33; Reitemeier 2006b: S. 58ff; Vogelsang 2008: S. 47; Westphal 1999: S. 127). Weitere Faktoren sind die politische Situation in den Herkunftsländern nach Ende des Kalten Krieges sowie das Auseinanderfallen der Sowjetunion. Hier sind vor allem die Sorge davor, dass die Möglichkeit zur Ausreise nicht von langer Dauer sein könnte (Reitemeier 2006b: S. 38), die Verschlechterung der Bedingungen in den Herkunftsländern bspw. durch Inflation und Kriminalität (Vogelsang 2008: S. 38), die Furcht vor ausbrechenden Nationalitätenkonflikten und ethnischen Spannungen (Westphal 1999: S. 127), die Angst vor fehlenden Zukunftsperspektiven und wirtschaftlichen Missständen (Baaden 1997: S. 59) sowie generell der Rückgang des Lebensstandards in den ehemaligen GUS Ländern sowie der hiermit verbundene Wunsch zu nennen, in Deutschland ein besseres Leben führen zu können (Reich 2005: S. 113f). Auf diese Weise trug auch die Lage in den Herkunftsländern zu einer Rückbesinnung auf die deutsche Heimat und zur verstärkten Aktivierung des Rückkehrwunsches bei. Weitere Ausreisegründe sind in Verwandtschaftsstrukturen und in darüber hinaus gehenden Strukturen sozialer Netzwerke zu verorten, welche eine Kettenmigration[10] begünstigten. So verfügten einige Familien bereits über Verwandte, Freunde und Bekannte in der BRD, welche ihnen relevante Informationen über die Bedingungen der Einreise nach

---

[10] Der Begriff der Kettenmigration bezeichnet einen Migrationsvorgang, welcher aus einer Reihe sukzessiver Familiennachzüge besteht, die eine Kontinuität der Beziehungen zwischen den bisher Daheimgebliebenen und den bereits Ausgewanderten voraussetzt. Dabei dienen bereits vorgewanderte Personen als Rollenmodell, verbreiten Informationen, eröffnen Chancen und Beziehungen (Haug 2000: S. 142ff). Insofern ergänzen die Pionierwanderer durch die Nachzüge ihren durch die Migration erlittenen Verlust an Sozialkapital. Die Nachwandernden hingegen erhalten von den Pionieren zielortspezifisches Sozialkapital in Form sozialer Unterstützung vor Ort (Haug/Sauer 2007: S. 31).

und des Lebens in Deutschland zukommen ließen und somit den Ausreiseentschluss erleichterten und beschleunigten, wodurch wiederum die Auflösung russlanddeutscher Gemeinden in der GUS bewirkt und weitere Aussiedlungen nach sich gezogen wurden (Baaden 1997: S. 61). Dabei ist festzuhalten, dass die Aussiedlung in den allermeisten Fällen im Familienverband vollzogen wurde[11] (Reich 2005: S. 109). Aus diesem Grund, sowie aufgrund der Tatsache, dass russlanddeutsche (Spät-) Aussiedler in der BRD häufig bereits auf vorgereiste Verwandte treffen, nimmt die Herkunftsfamilie – zumindest in der Anfangsphase – die Rolle des zentralen, mit Ressourcen ausgestatteten Netzwerkes ein (ebd.: S. 136).

Nachdem nun die historischen Hintergründe der Auswanderung nach und des Lebens in Russland sowie die Motivationslage der Rückkehr dargestellt wurden, kann im Folgenden die konzeptionelle Grundlage des Begriffs des russlanddeutschen (Spät-) Aussiedlers in seinen wichtigsten Eckpunkten skizziert werden.

4.2. Begriffsklärung: Russlanddeutsche (Spät-) Aussiedler

Unter die Begriffe Aussiedler und Spätaussiedler werden Personen mit deutscher Volkszugehörigkeit subsumiert, welche in Ost- und Südosteuropa sowie in der Sowjetunion unter den Folgen des zweiten Weltkriegs gelitten und nach den Bestimmungen des Artikel 116 Abs. 1 GG aufgrund dieser Merkmale als Vertriebene Aufnahme in die BRD gefunden haben (BMI 2008: S. 122). Eine Konkretisierung erfuhren diese Bestimmungen durch Erlass des Bundesvertriebenengesetzes (BVFG) am 19. Mai 1953, in welchem der Status des Aussiedlers geschaffen wurde. Nach § 1 Abs. 2 Nr. 3 BVFG ist Aussiedler, wer die deutsche Volkszugehörigkeit besitzt und nach dem zweiten Weltkrieg, aber vor dem ersten Januar 1993 die ehemals unter deutscher Verwaltung stehenden Ostgebiete[12] verlassen und einen Wohnsitz in der BRD begründet hat. Deutsche Volkszugehörigkeit ist dabei in § 6 BVFG definiert und erfordert:

---

[11] Anzumerken ist, dass die Ausreiseentscheidung in gemischtnationalen Ehen nicht selten mit innerfamiliären Konflikten verbunden war, da häufig die nicht deutschen Ehepartner zur Ausreise überredet werden mussten (Vogelsang 2008: S. 43). Weiterhin können (Spät-) Aussiedlerjugendliche auch als ‚Mitgenommene Generation' bezeichnet werden, da diese häufig in die Aussiedlungsentscheidung nicht einbezogen wurden. Eine Vertiefung dieses Aspekts kann Vogelsang (2008) Kapitel 3.3.2. entnommen werden.
[12] Nach § 1 Abs. 2 Nr. 3 BVFG umfassen diese Ostgebiete Danzig, Estland, Lettland, Litauen, die ehemalige Sowjetunion, Polen, Tschechien und die Slowakei, Ungarn, Rumänien, Bulgarien, Jugoslawien, Albanien und China.

„[...] dass sich die betreffende Person in ihrer Heimat zum deutschen Volkstum bekannt hat, sofern dies durch bestimmte Merkmale wie Abstammung, Sprache, Erziehung, Kultur, bestätigt wird" (Vogelsang 2008: S. 53).

Wie bereits im vorhergehenden Kapitel dargestellt, kam es nach der Liberalisierung der Ausreisebestimmungen in den ehemaligen Warschauer-Pakt-Staaten in den ausgehenden 1980er und beginnenden 1990er Jahren zu einem enormen Anstieg des Aussiedlerzustroms in die Bundesrepublik Deutschland. Folge dieses Anstieges war eine grundlegende Neuregelung der Vertriebenenaufnahme im Rahmen des am 21. Dezember 1992 verabschiedeten Kriegsfolgenbereinigungsgesetzes (KfbG). Mit Inkrafttreten des KfbG wurde die Aufnahme von Aussiedlern abgeschlossen und durch die Aufnahme von Personen unter dem neuen Rechtsstatus des Spätaussiedlers nach § 4 BVFG abgelöst (BAMF 2007: S. 47). Spätaussiedler nach § 4 BVFG sind Personen, die die Aussiedlungsgebiete nach dem 31. Dezember 1992 verlassen, innerhalb von sechs Monaten einen ständigen Aufenthalt in der Bundesrepublik begründet, unter einem Kriegsfolgenschicksal gelitten haben sowie die deutsche Volkszugehörigkeit besitzen. Spätaussiedler kann nicht mehr sein, wer nach dem 31. Dezember 1992 geboren wurde. Mit der Schaffung des Spätaussiedlerstatus wurde folglich das Auslaufen der Vertriebenenaufnahme eingeleitet. Anders als für Personen aus den sonstigen Ostgebieten – die, wenn sie im Rahmen des Spätaussiedlerzuzuges nach Deutschland einreisen wollen, ihr Kriegsfolgenschicksal detailliert nachweisen müssen – gilt für Personen deutscher Volkszugehörigkeit aus der ehemaligen Sowjetunion nach § 4 Abs. 1 BVFG eine gesetzliche Kriegsfolgenschicksalsvermutung (BMI 2008: S. 124). Dementsprechend wanderten im Rahmen des Spätaussiedlerzuzuges nahezu ausschließlich Personen aus der ehemaligen Sowjetunion in die Bundesrepublik ein (BAMF 2007: S. 47). Werden oben genannte Bedingungen erfüllt, gelten (Spät-) Aussiedler als den Einheimischen unmittelbar gleichgestellt und erhalten die deutsche Staatsbürgerschaft (Fuchs et al 1999: S. 203). Nach § 27 Abs. 1 Satz 2 BVFG ist dies auch für Ehegatten und Abkömmlinge ohne deutsche Volkszugehörigkeit zum Zweck der gemeinsamen Aussiedlung möglich (BAMF 2007: S. 48). Seit Inkrafttreten des Zuwanderungsgesetzes müssen Angehörige hierfür Grundkenntnisse der deutschen Sprache aufweisen (BMI 2008: S. 127). Erfüllen sie diese Voraussetzung nicht, können sie grundsätzlich nur im Rahmen der allgemeinen ausländerrechtlichen Bestimmungen einreisen (ebd.: S. 128).

Im Rahmen der vorliegenden Arbeit werden nun diejenigen Personen als russlanddeutsche (Spät-) Aussiedler bezeichnet, die aus den ehemaligen Republiken der GUS in die Bundesrepublik eingereist sind, die deutsche Volkszugehörigkeit besitzen, damit die im vorangegangenen Kapitel skizzierte Geschichte teilen und im Kontext der oben erläuterten Bestimmungen des BVFG Aufnahme in die Bundesrepublik als Aussiedler bzw. Spätaussiedler gefunden haben sowie deren im Rahmen des BVFG in die Bundesrepublik aufgenommenen Abkömmlinge und Ehegatten.[13]

4.3. (Spät-) Aussiedlerzuzug in Zahlen

Im Rahmen der Regelungen zur Aufnahme von (Spät-) Aussiedlern wurden von 1950 bis 2006 ca. 4,5 Millionen Personen in die Bundesrepublik Deutschland aufgenommen, von denen ca. 2,3 Millionen aus den Gebieten der ehemaligen Sowjetunion stammen (Statistisches Bundesamt 2008: S. 17). Dabei ist aufgrund der bereits oben skizzierten Liberalisierung der Ausreisebestimmungen der Sowjetunion sowie deren späterem Zusammenbruch zum Ende der 1980er bzw. zu Beginn der 1990er Jahre ein enormer Anstieg des Zustromes russlanddeutscher (Spät-) Aussiedler zu verzeichnen. Reisten von 1950 bis 1989 insgesamt lediglich ca. 250.000 russlanddeutsche Aussiedler in die Bundesrepublik ein, kamen alleine von 1990 bis 1995 ca. 1,1 Millionen Russlanddeutsche im Rahmen des (Spät-) Aussiedlerzuzuges nach Deutschland (ebd.: S. 17). Seit 1995 ist jedoch ein kontinuierlicher Rückgang der Zuzugszahlen zu beobachten. So fiel im Jahre 2000 der Zuzug russlanddeutscher Spätaussiedler in die BRD erstmals unter 100.000 Personen pro Jahr, 2005 waren es schließlich nur noch ca. 35.000 und 2006 gar nur noch ca. 7.500 (ebd.: S. 17). Dieser Rückgang ist zum einen den im vorangegangenen Kapitel skizzierten Erschwerungen der Zuzugsbedingungen für Spätaussiedler geschuldet. Zum anderen ist aber auch bereits ein immenser Teil der Russlanddeutschen aus den Gebieten der ehemaligen Sowjetunion in die Bundesrepublik ausgesiedelt, wodurch das Zuzugspotential kontinuierlich sinkt (Schmidt-Bernhardt 2008: S. 55).

Nicht nur die Aussiedlungszahlen, sondern auch die Struktur der Aussiedlung sind dabei einem Wandel über die Zeit hinweg unterworfen. So reisen (Spät-) Aussiedler meist im Familienverband mit mindestens einem Kind und häufig mit noch weiteren im Haushalt lebenden Verwandten ein (Hänze/Lantermann 1999: S. 143). In diesem Zusammenhang wanderten noch zu Beginn der 1990er Jahre mit 77,5 % mehrheitlich russlanddeutsche (Spät-) Aussiedler in eigener Person zu, während sich diese Proportion bis ins Jahr 2005 deutlich wandelte und heute nahezu 80 % der im Kontext des (Spät-) Aussiedlerzuzuges zugewanderten Familienangehörige nichtdeutscher Her-

---

[13] Sind in den Folgenden Ausführungen sowohl Aussiedler als auch Spätaussiedler gemeint, wird der Begriff (Spät-) Aussiedler verwendet. Beziehen sich Aussagen ausschließlich auf eine der beiden Gruppen, ist dies durch die Verwendung der Begriffe Aussiedler oder Spätaussiedler gekennzeichnet.

kunft bzw. nichtdeutscher Volkszugehörigkeit sind (Haug/Sauer 2007: S. 21). Insgesamt sind russlanddeutsche (Spät-) Aussiedler bei ihrer Einreise zu ca. einem Drittel jünger als 20 Jahre (Schmidt-Bernhardt 2008: S. 13).

Festzuhalten ist, dass sich generell einige Defizite in der statistischen Erfassung der (Spät-) Aussiedler – und somit auch der russlanddeutschen (Spät-) Aussiedler – feststellen lassen. So erhalten (Spät-) Aussiedler nach Aufnahme in die BRD die deutsche Staatsbürgerschaft und sind somit statistisch nicht mehr von ‚einheimischen Deutschen' zu unterscheiden. Aus diesem Grund ist nicht bekannt, wie viele (Spät-) Aussiedler in der BRD gestorben sind, wie viele weiter- oder ins Herkunftsland zurückgewandert sind oder wie viele Nachkommen geboren wurden. Dementsprechend ist die Gesamtzahl der in der Bundesrepublik lebenden russlanddeutschen (Spät-) Aussiedler kaum exakt zu ermitteln (ebd.: S. 22). Da die meisten russlanddeutschen (Spät-) Aussiedler dauerhaft in der BRD bleiben wollen, kann jedoch davon ausgegangen werden, dass die Zuzugszahlen tendenziell auch den Bestand widerspiegeln (Keck zitiert nach ebd.: S. 22).

Der Befund der mangelhaften Erfassung in der aktuellen amtlichen Statistik sowie die Tatsache, dass russlanddeutsche (Spät-) Aussiedler zwar die größte aber trotzdem nur eine Teilpopulation unter den (Spät-) Aussiedlern darstellen, erschwert bis verunmöglicht weiterhin auch eine exakte Wiedergabe soziodemographischer Daten bezüglich der Lebenssituation russlanddeutscher (Spät-) Aussiedler. Beispielhaft hierfür kann die Integration in den Arbeitsmarkt genannt werden. So wird zwar die berufliche Qualifikation von (Spät-) Aussiedlern bei ihrer Einreise in die BRD erfasst, hierdurch sind jedoch keine Rückschlüsse auf deren aktuelle Erwerbstätigkeit bzw. deren Arbeitsmarkterfolge möglich. Zwar werden (Spät-) Aussiedler fünf Jahre nach ihrer Einreise durch die Bundesagentur für Arbeit getrennt von ‚einheimischen Deutschen' und anderen Migrantengruppen geführt, diese statistische Erfassung bezieht sich dabei jedoch ausschließlich auf Leistungsbezüge, somit also nicht auf Erwerbsarbeit, sondern auf Arbeitslosigkeit (Haug/Sauer 2007: S. 35). Selbst wenn eine konsequente Erfassung soziodemographischer Faktoren von (Spät-) Aussiedlern vorliegen würde, könnten hieraus keine exakten Angaben sondern lediglich Näherungswerte über russlanddeutsche (Spät-) Aussiedler abgeleitet werden. Aus diesem Grund wird an dieser Stelle auf die Darstellung soziodemographischer Faktoren verzichtet.

4.4. Netzwerkbezogene Aspekte

Die Entwicklung und Konstitution persönlicher sozialer Netzwerke russlanddeutscher (Spät-) Aussiedler ist in der Bundesrepublik Deutschland verschiedenen Entwicklungs- bzw. Bedingungsfaktoren unterworfen, welche in direktem Zusammenhang mit den Hintergründen der Aussiedlung stehen. An erster Stelle ist hier der zentrale Rückkehrwunsch, als Deutsche unter Deutschen leben zu wollen, zu nennen. Dieser äußert sich in einer hohen Motivation, Kontakte zu ‚einheimischen Deutschen' aufnehmen zu wollen und dem Druck, sich im Alltag als Deutsche ausweisen zu müssen, stößt jedoch auf Seiten der ‚einheimischen Deutschen' auf eine Haltung, nach der eher kein Kontakt gesucht wird und russlanddeutsche (Spät-) Aussiedler als Russen wahrgenommen werden (Westphal 1999: S. 127). Hiermit sowie mit der ebenfalls existierenden Befürchtung, sich in Deutschland fremd zu fühlen, korrespondiert eine starke Hoffnung auf Rückhalt in Familie und Verwandtschaft sowie die Hoffnung auf Verortung und Rückhalt innerhalb von Nachbarschafts- und Freundschaftsnetzwerken bestehend aus Angehörigen der eigenen Gruppe (Graudenz/Römhild 1996: S. 46; Westphal 1999: S. 127). In diesem Zusammenhang wird auch Jugendlichen der Rückzug in eigenethnische Gruppen attestiert, welche als Schutz gegenüber einer als fremd empfundenen Umwelt dienen würden (Dietz/Roll 1998: S. 100). Als zusätzlicher – die Entwicklung persönlicher sozialer Netzwerke russlanddeutscher (Spät-) Aussiedler beeinflussender – Aspekt, kann die aus Kettenwanderungen und Familienzusammenführungen resultierende räumliche Konzentration von Verwandtschaftsnetzwerken und ethnischen Gemeinschaften in der Bundesrepublik genannt werden (Haug 2007: S. 90).

Werden zunächst Freundschaftskontexte betrachtet, lässt sich festhalten, dass hier vor allem Jugendliche und junge Erwachsene im Fokus der wissenschaftlichen Diskussion stehen. Dabei wird ein Verständnis von Freundschaft attestiert, welches sich aus Solidarität und Gemeinschaft speist und dessen Grundlage ein vertrauensvolles Verhältnis ist, welches wiederum eher bei russlanddeutschen (Spät-) Aussiedlern als bei ‚einheimischen Deutschen' gefunden wird (Wehmann 1999: S. 211). Dementsprechend verbringen jugendliche russlanddeutsche (Spät-) Aussiedler ihre Freizeit eher in der eigenethnischen Gruppe (ebd.: S. 211). Der Wunsch nach mehr Kontakten zu ‚einheimischen Deutschen' wird dabei zwar geäußert, in der eigenen Gruppe jedoch mehr Akzeptanz als bei Einheimischen erwartet (ebd.: S. 213). Nach einer Studie von Barbara Dietz und Heike Roll (1998) bestehen bei 54,2 % der jugendlichen (Spät-) Aussiedler die Freundeskreise überwiegend ebenfalls aus (Spät-) Aussiedlern, bei 22,9 % sowohl aus (Spät-) Aussiedlern und ‚einheimischen Deutschen' und nur bei

4,3 % überwiegend aus ‚einheimischen Deutschen' im Vergleich zu 53,2 % bei einheimischen Jugendlichen (ebd.: S. 105). Da der überwiegende Teil der heutigen (Spät-) Aussiedlerjugendlichen russlanddeutsche (Spät-) Aussiedler sind, dürften die Ergebnisse dieser Studie bei russlanddeutschen (Spät-) Aussiedlern eine Entsprechung finden.

Entsprechend der oben postulierten räumlichen Verortung persönlicher sozialer Netzwerke russlanddeutscher (Spät-) Aussiedler innerhalb eines von russlanddeutschen (Spät-) Aussiedlern geprägten Wohnkontextes, geht die Mehrzahl vorliegender Studien davon aus, dass auch nach Verlassen der Wohnheime die räumliche Nähe zu anderen russlanddeutschen (Spät-) Aussiedlern gesucht wird und die Nähe zu in der BRD lebenden Bekannten, Familienmitgliedern und Verwandten ausschlaggebend für die Wohnungssuche ist (Blaschke zitiert nach Fuchs 1999: S. 91).

Wie bereits weiter oben angedeutet, scheint die Familie eine besondere Stellung innerhalb der persönlichen sozialen Netzwerke russlanddeutscher (Spät-) Aussiedler einzunehmen. Die zentrale Bedeutung der Familie resultiert dabei zum einen aus einem Kollektivismus, nach dem das Individuum als Teil einer Gemeinschaft gesehen wird und das Selbstverständnis als dessen Mitglied wesentlich für die eigene Identität ist. Dies ist historisch durch den Minoritätenstatus der Russlanddeutschen in der ehemaligen Sowjetunion erklärbar, da sich in den Zeiten der Diskriminierung auf familiäre Bindungen zurückgezogen wurde (Reich 2005: S. 138). In diesem Zusammenhang war die Familie Schutz und Rückzugsraum und sorgte für die Weitergabe der russlanddeutschen Lebensform und Identität. Insgesamt bot die Familie somit Halt, Zuflucht, Gemeinschaft, Problemlösungen und enge Bindungen, Gemeinschaftssinn und Unterstützung im Alltag (ebd.: S. 138ff). Dem folgend sind die Wertorientierungen umso kollektivistischer, je stärker die russlanddeutsche Kultur in der ehemaligen Sowjetunion gepflegt wurde und der Familienhalt umso enger, je kollektivistischer diese Wertorientierungen ausfallen (Hänze/Lantermann 1999: S. 149f). Zum anderen erfährt die zentrale Bedeutung der Familie im Rahmen der Aussiedlung in die Bundesrepublik eine Verstärkung, da zumeist im Familienverband ausgesiedelt wird, häufig bereits Verwandte in der BRD vorgefunden werden und somit den Grundstein für die weitere Netzwerkbildung darstellen (Dietz/Roll 1998: S. 80). In diesem Kontext bildet die Familie den wichtigsten emotionalen Bezugspunkt, deren Zusammenhalt für die einzelnen Familienmitglieder – vor allem in der Anfangsphase nach der Aussiedlung – von existenzieller Bedeutung ist (Boll zitiert nach ebd.: S. 80). Der postulierte enge Familienzusammenhalt besitzt dabei auch heute noch ein hohes Bewältigungspotential in Krisensituationen und eine hohe Stressresistenz und geht mit enormen Potentialen innerfamiliärer sozialer Unterstützung einher (Hänze/Lantermann 1999: S. 145).

„Wenn in russlanddeutschen Familien jemand Pflege, Hilfe und Unterstützung benötigt, dann wird dies von Familienangehörigen in der Familie geleistet. [...] Üblicherweise sind die Familienmitglieder die einzigen, die für die Bedürftigen sorgen, denn es wird von den Familien kaum oder gar nicht um professionelle Hilfe nachgesucht" (Schnepp 2002: S. 79).

Die innerfamiliäre Sorge kann als normative Tatsache angesehen werden, nach der für alle Menschen gesorgt werden muss, die zur Familie gerechnet werden (ebd.: S. 79). Die mit dieser normativen Tatsache verbundene Pflicht zu intergenerativer, reziproker sozialer Unterstützung ist dabei als intrinsisch motiviert anzusehen und berührt vielfältigste Lebens- und Unterstützungsbereiche (ebd.: S. 102).

„Auffällig ist, wie umfassend die Hilfen sind, die in den Familien geleistet werden. Praktische Hilfen, finanzielle Hilfen, Hilfen bei Krankheiten und Hilfen in Krisen werden in den Familien geleistet" (ebd.: S. 103).

Hinsichtlich der Familienstruktur innerhalb derer diese Hilfen geleistet werden, kann festgehalten werden, dass bei russlanddeutschen (Spät-) Aussiedlern die Großfamilie unter einem Dach im Sinne eines Dreigenerationenhaushaltes als Ideal gilt und weiterhin der Familienbegriff auf die gesamte Verwandtschaft ausgedehnt wird (ebd.: S. 80f). Die vorwiegend engen emotionalen Bindungen zwischen den Familienangehörigen werden durch häufige Besuche und Telefonate aufrechterhalten, wobei diese Kontakte als selbstverständlich angesehen werden und diesbezüglich keine Absprachen oder Verabredungen getroffen werden (ebd.: S. 85).

Den skizzierten Bedingungs- und Entwicklungsfaktoren entsprechend, dürften persönliche soziale Netzwerke russlanddeutscher (Spät-) Aussiedler also vor allem aus Personen bestehen, welche ebenfalls russlanddeutsche (Spät-) Aussiedler sind und sich durch eine hohe räumliche Konzentration auszeichnen. Im Rahmen von Freundschafts- und Nachbarschaftskontexten dürften dementsprechend vor allem eigenethnische Kontakte bestehen. Den zentralen und bedeutsamsten Netzwerkbereich dürften Familie und Verwandtschaft darstellen. Hier sind auch die engsten Bindungen und die größten Potentiale an sozialer Unterstützung zu erwarten.

5. Empirische Vorgehensweise

Nachdem in den vorangegangenen Kapiteln die theoretischen Grundlagen für das vorliegende Forschungsvorhaben geklärt wurden, wird nun in einem ersten Schritt die dieser Studie zugrunde liegende Fragestellung präzisiert (Kapitel 5.1.), um anschließend die Zielgruppe der Datenerhebung begründet wählen zu können (Kapitel 5.2.). Daraufhin werden mit dem problemzentrierten qualitativen Interview, der qualitativen Netzwerkanalyse EGONET-QF und dem begleitenden Kurzfragebogen die angewandten Methoden der Datenerhebung eingeführt (Kapitel 5.3.) sowie die Methode der Datenauswertung skizziert (Kapitel 5.4.).

5.1. Fragestellung(en)

Bei der Betrachtung bisheriger Forschung zu russlanddeutschen (Spät-) Aussiedlern konnte festgehalten werden, dass diese weitestgehend unter einer Defizitorientierung erfolgt und ressourcenorientierte Aspekte lediglich als Randerscheinungen behandelt werden (vgl. Kapitel 1). An dieser Stelle setzt die vorliegende Studie an, indem sie sich zum Anliegen macht, die Ressourcenfunktion persönlicher sozialer Netzwerke russlanddeutscher (Spät-) Aussiedler – im Sinne innerhalb der Netzwerke vorhandener Potentiale sozialer Unterstützung – mit Hilfe einer explorativen empirischen Untersuchung zu fassen und die Ergebnisse dem sozialarbeitswissenschaftlichen Diskurs zugänglich zu machen sowie Anhaltspunkte für weitere Forschung zu generieren. Die Orientierung auf persönliche soziale Netzwerke ist dabei der grundgelegten ressourcenorientierten sozialarbeitstheoretischen Perspektive geschuldet, nach der Adressaten Sozialer Arbeit niemals isoliert von ihren Einbindungen in ihre soziale Umwelt betrachtet werden können, sondern konsequent im Rahmen ihrer sozialen Bezüge und der hier bestehenden Person:Umwelt-Transaktionsverhältnisse gesehen werden müssen. Entsprechend der Fokussierungen auf persönliche Soziale Netzwerke, hierin enthaltene Ressourcen bzw. Potentiale sozialer Unterstützung und die Zielgruppe der russlanddeutschen (Spät-) Aussiedler lautet die Grundfragestellung:

Wie sind persönliche Netzwerke russlanddeutscher (Spät-) Aussiedler ausgestaltet und welche Potentiale sozialer Unterstützung halten sie bereit?

Um diese Grundfragestellung empirisch bearbeiten zu können, erweist es sich als sinnvoll, diese entlang von zwei Leitfragen weiter auszudifferenzieren.

Leitfrage I – Wie ist die grundlegende Struktur der Netzwerke gestaltet?

Soll die Ressourcenfunktion persönlicher sozialer Netzwerke russlanddeutscher (Spät-) Aussiedler herausgearbeitet werden, stellt sich zunächst die Frage nach deren grundlegender Struktur, also danach, wie diese Netzwerke aufgebaut und ausgeformt sind. Um dieser Frage nachgehen zu können, wird es in einem ersten Schritt erforderlich, folgende – auf zentrale Strukturmerkmale sozialer Netzwerke bezogene – Aspekte bzw. Unterfragestellung einer empirischen Bearbeitung zugänglich zu machen:

- *Aus welchen Netzwerkbereichen setzen sich die Netzwerke zusammen?* Hiermit ist die Frage nach der Einbindung und Einbettung in verschiedene Gruppen, Lebensrealitäten und Umweltzusammenhänge angesprochen.
- *Auf welchen Netzwerkebenen sind die Netzwerkbereiche verortet?* Hiermit ist die Frage danach angesprochen, welchen Netzwerkebenen bzw. -typen die jeweiligen Netzwerkbereiche zugeordnet werden können.
- *Welche Bedeutsamkeit wird den jeweiligen Netzwerkbereichen zugeschrieben?* Hiermit ist die Frage nach dem persönlichen Bedeutungsgehalt sowie nach der inhaltlich-emotionalen Deutung der jeweiligen Bereiche angesprochen.

Um die Struktur der persönlichen sozialen Netzwerke hinreichend beschreiben zu können, wird es in einem zweiten Schritt notwendig, die tatsächlichen Beziehungen in den jeweiligen Netzwerkbereichen einer näheren Betrachtung zu unterziehen. Die damit verbundenen, empirisch zu bearbeitenden Aspekte bzw. Fragestellungen sind:

- *Welche Personen sind in den jeweiligen Netzwerkbereichen vorzufinden?* Hiermit ist die Frage nach real existierenden Beziehungen angesprochen.
- *Welchen qualitativen Gehalt haben die jeweiligen Beziehungen?* Hiermit ist die Frage nach der Beziehungsintensität und -gestaltung sowie der Wichtigkeit bzw. der Nähe der genannten Netzwerkpersonen für den Akteur angesprochen.
- *Welche sozialen Beziehungen und welche Netzwerkebereiche können eher starken und welche eher schwachen Bindungen zugeordnet werden?*

Erst wenn diese grundlegenden Fragen nach der Struktur der persönlichen sozialen Netzwerke russlanddeutscher (Spät-) Aussiedler beantwortet sind, wird es möglich, netzwerkbezogene Potentiale sozialer Unterstützung zu identifizieren.

Leitfrage II – Welche Potentiale sozialer Unterstützung halten die Netzwerke bereit?

Die zweite Leitfrage bezieht sich auf das in den Netzwerken gespeicherte Vermögen an Sozialkapital unter dem zentralen Blickwinkel auf soziale Unterstützung. Sie fragt dementsprechend nach den Ressourcen und Unterstützungspotentialen, die mit der Eingebundenheit in die nun identifizierten, persönlichen sozialen Netzwerke russlanddeutscher (Spät-) Aussiedler einhergehen. Um diese zweite Leitfrage erschöpfend beantworten zu können, müssen folgende Unterfragen empirisch bearbeitet werden:

- *In welchen Netzwerkbereichen wird soziale Unterstützung erwartet?* Hiermit ist die Frage danach angesprochen, von welchen Netzwerkpartnern und in welchen Netzwerksektoren soziale Unterstützung erwartet wird.
- *Welche Ressourcen und Potentiale sozialer Unterstützung sind in den persönlichen sozialen Netzwerken vorhanden?* Hiermit ist die Frage nach den grundsätzlich in den Netzwerken vorhandenen Potentialen sozialer Unterstützung bzw. nach tatsächlich geleisteter sozialer Unterstützung gestellt.
- *Wo sind diese Unterstützungspotentiale verortet?* Hiermit ist die Frage danach angesprochen, in welchen Netzwerkbereichen bzw. in welchen sozialen Beziehungen diese Ressourcen vorzufinden sind.
- *Wie sind Unterstützungsleistungen im Kontext sozialer Unterstützung einzuordnen?* Hiermit ist die Frage danach gestellt, welchen Aspekten sozialer Unterstützung Unterstützungsleistungen zuzuordnen sind bzw. wo sie sich in der inhaltlichen Typologie sozialer Unterstützung wieder finden sowie welche Spielräume des Lebenslagenansatzes sie betreffen.

Wie aus den dargelegten empirisch zu bearbeitenden Leitfragen deutlich wird, bezieht sich die Fragestellung auf die Beschreibung der Ausgangsbedingungen, die im Hinblick auf persönliche soziale Netzwerke russlanddeutscher (Spät-) Aussiedler und die hierin enthaltenen Potentiale sozialer Unterstützung bestehen. Kenntnisse über diese Ausgangsbedingungen bilden die Grundlage für eine ressourcenorientierte Soziale Arbeit, die an Lebens- und Beziehungsrealitäten russlanddeutscher (Spät-) Aussiedler ausgerichtet ist. Werden die Erkenntnisse aus den netzwerktheoretisch orientierten Leitfragen vor dem Hintergrund der dargelegten sozialarbeitstheoretischen Perspektive analysiert, können hieraus Reflexionspunkte entwickelt werden, die sowohl für Praktiker als auch für Theoretiker der Sozialen Arbeit wichtige Hinweise darauf geben, wie Konzeptentwicklung und alltägliches praktisches Handeln, aber auch Ansätze für weitergehende empirische Forschungsvorhaben zielgruppenadäquat umgesetzt werden können.

5.2. Zielgruppe der Datenerhebung

Sollen Informationen über persönliche Netzwerke russlanddeutscher (Spät-) Aussiedler sowie über die hierin enthaltenen Potentiale sozialer Unterstützung erhoben und einer Analyse aus sozialarbeiterischer Perspektive zugänglich gemacht werden, kommen als Zielgruppe der Datenerhebung nur russlanddeutsche (Spät-) Aussiedler selbst in Frage. So können nur russlanddeutsche (Spät-) Aussiedler umfassende Informationen über ihre sozialen Beziehungen sowie über bereits erfahrene soziale Unterstützung in Alltags- aber auch in Krisensituationen liefern und somit aus der Akteursperspektive einen Blickwinkel auf individuelle Eingebundenheiten und Ressourcenpotentiale eröffnen.

Nachdem nun russlanddeutsche (Spät-) Aussiedler als Zielgruppe der Datenerhebung benannt wurden, wird es notwendig, die angestrebte Zusammensetzung der Stichprobe weiter zu präzisieren. Um ein möglichst umfassendes Bild über die persönlichen sozialen Netzwerke russlanddeutscher (Spät-) Aussiedler sowie über die hierin enthaltenen Potentiale sozialer Unterstützung zeichnen zu können, ist es notwendig, die Heterogenität der Stichprobe zu sichern und Personen mit möglichst unterschiedlichen Lebensrealitäten in die Datenerhebung einzubeziehen. Dem folgend ist es notwendig, dass die Datenerhebung auf Angehörige verschiedener Generationen, verschiedener soziodemographischer Kontexte und Personen beider Geschlechter gerichtet wird. Hiermit soll es ermöglicht werden, Gemeinsames im Unterschiedlichen zu identifizieren.

5.3. Methoden der Datenerhebung

Dem in Kapitel 5.1. dargelegten Forschungsanliegen folgend, erweist es sich als sinnvoll, auf Methoden der qualitativen Sozialforschung zurückzugreifen. So sollen persönliche soziale Netzwerke und hierin enthaltene Ressourcenpotentiale aus Akteursperspektive erfasst sowie die zugrunde liegenden persönlichen emotional-inhaltlichen Deutungsstrukturen erhellt werden. Diesem Anliegen kann eine qualitativ ausgerichtete empirische Sozialforschung gerecht werden, da diese – im Gegensatz zur quantitativen Sozialforschung, in der Messwerte statistisch analysiert werden – verbale und nichtnumerische Daten interpretativ verarbeitet, wobei das Verstehen von sozialem Handeln, Sinnstrukturen und -mustern sowie deren Beschreibung und Rekonstruktion im Mittelpunkt steht (Schaffer 2002: S. 46).

Im Rahmen der Datenerhebung werden zwei Methoden miteinander kombiniert, welche nun vorgestellt werden. Insofern ist hier von einem ‚Methodenmix' zu sprechen.

5.3.1. Die problemzentrierte qualitative Befragung

Die qualitative Befragung zählt zu den wichtigsten Grundtechniken zur Erhebung qualitativer Daten und dient der Ermittlung subjektiver Sichtweisen von Akteuren unter der Zielstellung der Rekonstruktion von Strukturen und Mustern. Qualitative Befragungen werden meist im Rahmen mündlicher face-to-face Interviews durchgeführt, wobei die Befragten durch gezielte Fragen oder mitgeteilte Stimuli zu verbalen Informationen veranlasst werden (Scheuchs zitiert nach Diekmann 2005: S. 357). Über die Befragung weniger Personen sollen dabei Gemeinsamkeiten oder eben auch Unterschiede ermittelt und bestimmte Tendenzen aufgedeckt werden. Die Wahl der qualitativen Befragung als Methode der Datenerhebung erweist sich im Rahmen des vorliegenden Forschungsvorhabens als sinnvoll, da subjektive Deutungen von Netzwerkstrukturen und sozialen Beziehungen sowie die Rekonstruktion subjektiver Muster sozialer Unterstützung Gegenstand des Interesses sind.

Für qualitative Befragungen stehen vielerlei ähnliche, jedoch nicht identische Verfahren zur Verfügung. Die Verfahren können sich hinsichtlich der Offenheit – also bezüglich der Freiheitsgrade bei der Fragebeantwortung – und im Strukturierungsgrad bezüglich der Freiheitsgrade bei der Frageformulierung unterscheiden. Einig sind sich die qualitativen Verfahren hinsichtlich der Offenheit, Unterschiede bestehen jedoch hinsichtlich des Strukturierungsgrades der Befragung (Mayring 2002: S. 66f). Im vorliegenden Kontext erweist es sich als sinnvoll, eine teilstrukturierte Form der Befragung zu wählen, in der bereits im Vorhinein formulierte Fragen in einem Interviewleitfaden festgehalten sind. Hierdurch können themenspezifisch Informationen erhoben werden, ohne dabei Selbstdeutungsmöglichkeiten einzuschränken. Als Befragungsmethode wurde die problemzentrierte qualitative Befragung gewählt.

Die problemzentrierte Befragung ist dann geeignet, wenn bereits theoretisches Vorwissen über den Untersuchungsgegenstand vorhanden ist, welches die relevanten, durch den Interviewleitfaden[14] abzutastenden Untersuchungsbereiche vorgibt und die vorrangige Problemanalyse in den Vordergrund stellt (Schaffer 2002: S. 114). Problemzentrierung meint demnach, dass Problemstellungen im Mittelpunkt stehen, deren

---

[14] Der im Rahmen der Datenerhebung verwendete Interviewleitfaden kann unter Anlage 1 eingesehen werden.

grundlegende Aspekte bereits vor der Befragungsphase theoretisch bearbeitet wurden (Witzel zitiert nach Mayring 2002: S. 68). In ihrer Vorgehensweise folgt die problemzentrierte Befragung dem Postulat der Offenheit. Die Reihenfolge der im Leitfaden festgehaltenen Fragen ist dem Gesprächsverlauf entsprechend flexibel zu handhaben und darüber hinaus offen für neue, bisher nicht mitbedachte Aspekte, welche sich aus dem Befragungsverlauf ergeben. Auf diese Weise wird es den Befragten ermöglicht, subjektive Perspektiven und Deutungen offen zu legen sowie Zusammenhänge im Verlauf der Befragung zu entwickeln (ebd.: S. 68). Durch die Teilstandardisierung wird dabei ein Vergleich mehrerer Befragungen ermöglicht (ebd.: S. 70).

Im Zuge der Datenerhebung dient die problemzentrierte qualitative Befragung vor allem der Erhebung sozialer Unterstützungspotentiale sowie einem Warm-Up – im Sinne einer Eingewöhnung des Interviewpartners in die Befragungssituation – in dessen Rahmen Aspekte der Aussiedlungssituation angesprochen werden. Zusätzlich bietet sie jedoch einen Rahmen für die Erhebung netzwerkrelevanter Daten über die im Folgenden vorgestellte Methode der qualitativen Netzwerkanalyse EGONET-QF und fungiert dementsprechend auch als ‚Trägermethode'.

5.3.2. Die qualitative Netzwerkanalyse EGONET-QF

Zur Bearbeitung der vorliegenden Fragestellung ist es unbedingt erforderlich, die aktuellen persönlichen sozialen Netzwerke der Befragten – also die Netzwerke, die diese in ihrer gegenwärtigen Lebenssituation subjektiv für relevant erachten – einer empirischen Untersuchung zugänglich zu machen. Dies ermöglicht die Methode der egozentrierten qualitativen Netzwerkanalyse EGONET-QF.[15][16][17] EGONET-QF ermöglicht es, im Rahmen von qualitativen Interviews, alle für eine Person relevanten sozialen Beziehungen in Bezug auf Nähe und Distanz, Zugehörigkeiten zu Cliquen sowie Teilnetzwerken zu erfragen, diese visuell auf einer Netzwerkkarte festzuhalten und somit soziale Bezüge in ihren strukturellen und funktionalen Qualitäten einer Analyse zugänglich zu machen (Höfer et al 2006: S. 273).

---

[15] Neben qualitativen Methoden der Netzwerkanalyse besteht auch die Möglichkeit Netzwerke einer quantitativen Analyse zuzuführen. Eine Einführung in die quantitative Netzwerkanalyse bieten Jansen (2003) sowie Stegbauer (2008).
[16] Der Begriff der Egozentrierung bedeutet, dass der jeweilige Befragte als Mittel- bzw. Bezugspunkt des jeweiligen Netzwerkes angesehen wird und ergibt sich aus der Logik, dass alle Personen eines persönlichen sozialen Netzwerkes nur eine Gemeinsamkeit haben: Die Person, die sie als Netzwerkpartner benennt und die einzige Informationsquelle über ihre Netzwerke darstellt (Straus 2002: S. 207).
[17] Neben EGONET-QF bestehen weitere Methoden der qualitativen Netzwerkanalyse, welche sich je nach theoretischer Herangehensweise, Forschungsanlass und Forschungslogik unterscheiden. Einen umfassenden Überblick hierzu bieten Hollstein/Straus (2006).

Die Visualisierung der Netzwerke erfolgt im Rahmen von EGONET-QF auf einer Netzwerkkarte, auf der sieben konzentrische Kreise eingezeichnet sind, in deren Mitte das Ich – also der jeweilige Befragte – steht. Außerhalb des Ichs bilden die konzentrischen Kreise nun sechs Ringe, über welche – je nach Entfernung zum Ich – die Nähe bzw. Wichtigkeit der jeweiligen Personen angegeben wird.[18] In einem ersten Schritt wird der Befragte nun gebeten, die verschiedenen Netzwerkbereiche bzw. Netzwerksektoren – wie bspw. Familie, Freunde oder Arbeitskollegen – zu nennen und über die Angabe der Sektorengröße deren jeweilige Wertigkeit auf der Netzwerkkarte anzugeben (Straus 2004: S. 10f). Die Aufteilung der Netzwerkkarte durch die verschiedenen Sektoren ist dabei wie die Aufteilung eines Kuchens in verschiedene Kuchenstücke vorstellbar. In einem zweiten Schritt wird der Befragte nun über einen narrativen Impuls dazu angehalten, für die jeweiligen Netzwerksektoren diejenigen Personen anzugeben, die für ihn hier relevant sind. Abhängig davon, ob die genannten Personen dem Befragten näher oder ferner bzw. wichtig oder weniger wichtig sind, werden diese auf der Netzwerkkarte näher oder weiter vom Ich platziert (ebd.: S. 11). In einem dritten Schritt können die Netzwerksektoren sowie die festgehaltenen sozialen Beziehungen auf ihre Bedeutung hinsichtlich ausgewählter Aspekte analysiert werden (Höfer et al 2006: S. 273f).

Im weiteren Verlauf des Interviews nimmt die nun erstellte Netzwerkkarte eine dreifache Funktion ein. In ihrer dialogischen Funktion dient sie dazu, über Verweise auf dieselbe, Nachfragen zu stellen. Weiterhin kann der Netzwerkkarte eine deskriptiv-systematische Funktion zugesprochen werden, nach der es ermöglicht wird, relevante Grunddaten zu den genannten Personen und Sektoren sowie zur Qualität der sozialen Beziehungen zu erheben. Schließlich ist die analytische Funktion zu nennen, nach der die Netzwerkkarte dazu dient, bestimmte Leistungen und Funktionen – wie in diesem Fall soziale Unterstützung – des Netzwerkes zu vertiefen (Straus 2004: S. 12).

Neben ihrer Funktion, die persönlichen sozialen Netzwerke der jeweiligen Befragten abzubilden und diese weiteren Analysen zugänglich zu machen, löst die Netzwerkkarte und deren Erstellung auch narrative Erzählungen aus und verfügt für den Befragten zudem über eine hohe reflexive Qualität (Höfer et al 2006: S. 291).

---

[18] Eine Blankoversion der im Rahmen der Datenerhebung verwendeten Netzwerkkarte kann in den Anlagen unter Anlage 2 eingesehen werden

5.3.3. Der Kurzfragebogen

Ein ergänzendes Instrument zur Datenerhebung im Rahmen problemzentrierter qualitativer Befragungen stellt der Kurzfragebogen dar. Dieser dient der Erhebung sozialstatistischer sowie sonstiger ergänzender Daten. Der hier zur Anwendung kommende Kurzfragebogen[19] sollte vor allem sicherstellen, dass es sich bei den befragten Personen tatsächlich um Angehörige der Zielgruppe – also russlanddeutsche (Spät-) Aussiedler – handelt. Zudem wurden über den Fragebogen soziodemographische Daten der Befragten – wie bspw. Bildungs- und Familienstand, Berufstätigkeit, die Haushalts und Wohnsituation – sowie Informationen über den Aussiedlungshintergrund und die im Alltag benutzte Sprache erhoben. Neben diesen Faktenfragen wurden weiterhin Meinungsfragen und Verhaltensfragen gestellt. Dabei beziehen sich Meinungsfragen auf Aspekte der Beurteilung von Sachverhalten oder Statements und Verhaltensfragen auf das eigene Verhalten der Befragten (Schnell et al 2005: S. 326).

5.4. Methode der Datenauswertung

In der sensiblen Auswertungsphase gilt es, den Bedeutungsgehalt des erhobenen Datenmaterials zu rekonstruieren, zu analysieren und zu deuten. Im Rahmen der vorliegenden Studie wurden mit Hilfe der teilstandardisierten Methode der problemzentrierten qualitativen Befragung theoriegeleitet Informationen über für die Fragestellung relevante Themengebiete erhoben. Das erfordert die Anwendung eines strukturierenden und kategorisierenden Verfahrens, welches erlaubt, das Datenmaterial nach Themengebieten auszuwerten. Ein solches Auswertungsverfahren stellt die inhaltlich-strukturierende qualitative Inhaltsanalyse nach Mayring (2002; 2007) dar, deren Ziel die systematische Aufschlüsselung der Inhalte des Materials hinsichtlich der bestehenden Fragestellung ist.[20] Die inhaltlich-strukturierende qualitative Inhaltsanalyse strebt dabei eine intersubjektiv nachvollziehbare und inhaltlich möglichst erschöpfende Interpretation an (Bortz/Döring 2002: S. 329). Hierzu werden der Fragestellung entsprechend Themen und Aspekte aus dem Material extrahiert:

---

[19] Der im Rahmen der Datenerhebung verwendete Kurzfragebogen kann in den Anlagen unter Anlage Nummer 3 eingesehen werden.
[20] Neben der strukturierenden qualitativen Inhaltsanalyse bestehen weitere Formen der qualitativen Inhaltsanalyse. Einen Überblick hierzu sowie über weitere Grundlagen der qualitativen Inhaltsanalyse bietet Philipp Mayring (2007).

„Ziel inhaltlicher Strukturierung ist es, bestimmte Themen, Inhalte, Aspekte aus dem Material herauszufiltern und zusammenzufassen. Welche Inhalte aus dem Material extrahiert werden sollen, wird durch theoriegeleitet entwickelte Kategorien und (sofern notwendig) Unterkategorien bezeichnet" (Mayring 2007: S. 89).

Hierfür zentral ist die Entwicklung eines Kategoriensystems, welches relevante Aspekte festhält, die bei der Analyse des Datenmaterials im Mittelpunkt stehen.

Für die Entwicklung des Kategoriensystems ist im Rahmen der inhaltlich-strukturierenden qualitativen Inhaltsanalyse folgendes Ablaufschema vorgesehen:

- In einem ersten Schritt erfolgt die Definition der Kategorien, welche explizit festhält, welche Textbestandteile unter eine Kategorie fallen.
- Im zweiten Schritt werden Ankerbeispiele, das heißt konkrete Textstellen festgehalten, welche als Beispiel für die jeweiligen Kategorien gelten.
- Im dritten Schritt werden Kodierregeln festgehalten, die greifen, wo Abgrenzungsprobleme zwischen den Kategorien bestehen (Mayring 2002: S. 118f).

Kategorien werden bereits im Vorfeld aus dem für die Thematik relevanten Wissen sowie im Rahmen der Auswertung aus dem erhobenen Datenmaterial gewonnen. Im Auswertungsprozess gilt es dabei, die bestehenden Kategorien ständig auf ihre Sinnhaftigkeit zu prüfen und gegebenenfalls zu modifizieren.

6. Darstellung der Ergebnisse

Im Rahmen des sechsten Kapitels werden die zentralen Ergebnisse der vorliegenden Studie vorgestellt und unter Rückbezug auf die dargelegten theoretischen Grundlagen vor allem im Hinblick auf netzwerkrelevante Aspekte sowie Aspekte der sozialen Unterstützung betrachtet. Hierzu werden zunächst die Soziodemographie der Befragten (Kapitel 6.1.) sowie anschließend deren Aussiedlungskontext (Kapitel 6.2.) beschrieben. Daraufhin werden Selbsthilfemotivation und Hilfeüberzeugung beleuchtet (Kapitel 6.3.), um anschließend die persönlichen sozialen Netzwerke sowie die hierin enthaltenen Potentiale sozialer Unterstützung entlang der verschiedenen Netzwerkbereiche darzustellen (Kapitel 6.4.).

6.1. Beschreibung der Stichprobe

Im Rahmen der Datenerhebung wurden insgesamt sieben Personen – von denen fünf weiblich und zwei männlich sind – befragt. Drei der Befragten sind junge Erwachsene und jeweils 22 Jahre alt. In der Dekade zwischen 30 und 40 Jahren wurden zwei Personen interviewt, die zum Zeitpunkt der Befragung 32 bzw. 36 Jahre alt waren. Die beiden weiteren Befragten sind 47 und 58 Jahre alt. Zwei der Befragten fallen unter den Status des Aussiedlers und sind in den Jahren 1987 bzw. 1988 im Alter von 14 bzw. 26 Jahren in die BRD eingereist. Alle anderen Befragten fallen unter den Status des Spätaussiedlers, sind in den Jahren 1993, 1995, 2001, 2002 und 2005 nach Deutschland ausgesiedelt und waren zu diesen Zeitpunkten 42, 8, 24, 15 und 18 Jahre alt. Vier der Befragten sind dabei aus Kasachstan und drei aus dem russischen Kernland eingewandert.

Nr.	♀ / ♂	Alter	(Spät-) Aussiedler	Einreisejahr	Einreise-alter	Aufenthalts-dauer	Geburtsland
A	♂	22	Spätaussiedler	2005	18 Jahre	5 Jahre	Russland
B	♀	32	Spätaussiedler	2001	24 Jahre	9 Jahre	Kasachstan
C	♀	22	Spätaussiedler	1995	8 Jahre	15 Jahre	Kasachstan
D	♀	22	Spätaussiedler	2002	15 Jahre	8 Jahre	Russland
E	♀	58	Spätaussiedler	1993	42 Jahre	17 Jahre	Russland
F	♀	47	Aussiedler	1988	26 Jahre	22 Jahre	Kasachstan
G	♂	36	Aussiedler	1987	14 Jahre	23 Jahre	Kasachstan

Tabelle Nr. 2: Grunddaten der Befragten – Einzelnachweis

Bezüglich der Generationenzugehörigkeit ist die untersuchte Stichprobe durch eine mittlere Heterogenität geprägt. So wurden zwar Personen aus verschiedenen Altersgruppen befragt, die älteren Generationen sind hierbei jedoch unterrepräsentiert. Auch hinsichtlich der Geschlechterdurchmischung ist die Stichprobe nicht optimal aufgestellt. Dies kann jedoch als Ergebnisdimension bewertet werden, da im Rahmen der Akquirierung von Interviewpartnern sowohl hinsichtlich des Geschlechter- als auch des Generationenanteils eine ausgewogenere Stichprobe angestrebt wurde. Interviewabsagen wurden von Männern meist damit begründet, dass die Thematik der Befragung zu sehr auf Privatsphäre und intime Bereiche ziele. Diese Begründung kann als Hinweis darauf gewertet werden, dass russlanddeutsche Männer eine hohe Scheu aufweisen, intime Themen wie soziale Kontakte und soziale Unterstützung nach außen zu tragen. Dementsprechend wären hier auch eher auf das eigene Netzwerk gerichtete Unterstützungs- und Bewältigungsformen zu erwarten. Ältere Personen begründeten ihre Absagen häufig damit, dass sie ein Interview zu sehr an ein Verhör des KGB erinnern würde, wodurch auf eine nachhaltige Verankerung der erlittenen Repressionen in der ehemaligen Sowjetunion geschlossen werden könnte.

Hinsichtlich des rechtlichen Status als Aussiedler bzw. Spätaussiedler sowie der dementsprechenden Aussiedlungszeitpunkte sowie des Einreisealters kann die Stichprobe als ausgewogen betrachtet werden. So sind die Befragten in den verschiedensten Zeitfenstern der bisherigen Aussiedlung russlanddeutscher Personen aus Russland verortet und weisen dementsprechend hinsichtlich der Aufenthaltsdauer in der BRD eine weite Spanne auf. Weiterhin ist die Stichprobe hinsichtlich des Einreisealters der Befragten als heterogen zu kennzeichnen, wobei der Schwerpunkt – entsprechend der Aussiedlungsrealität – bei Personen liegt, welche im Kindes- und Jugendalter in die Bundesrepublik Deutschland migriert sind.

Die Befragten jungen Erwachsenen weisen ein unterschiedliches Bildungsniveau auf. Einer der Befragten hatte bereits in Russland zwei Semester studiert, verfügt heute über ein deutsches Abitur, studierte zum Befragungszeitpunkt an einer Fachhochschule und gibt neben dem Studium Nachhilfe in Mathematik. Die zweite Befragte in dieser Altersgruppe verfügt über die deutsche Fachhochschulreife, war in Kasachstan Schülerin und arbeitet heute als Verwaltungsbeamtin. Die dritte Befragte dieser Altersgruppe war in Russland Schülerin, hat in Deutschland einen qualifizierenden Hauptschulabschluss erworben, besucht heute eine Weiterbildungsmaßnahme mit dem Ziel des Erwerbs der mittleren Reife und arbeitet als Ein-Euro-Jobberin in der Verwaltung einer Aussiedlerberatungsstelle. Beide Befragten der Dekade der 30 bis 40 Jährigen verfügen über einen deutschen Fachhochschulabschluss, weisen ansonsten jedoch Unterschiede auf. So war ein Befragter in Kasachstan noch Schüler und ist heute als Sozialpädagoge tätig. Die andere Befragte dieser Altersgruppe war in Russland bereits als Russisch- und Deutschlehrerin beschäftigt, ist heute jedoch nicht berufstätig. Die beiden Befragten der älteren Altersgruppe verfügen beide über einen russischen Hochschulabschluss. Eine dieser Personen war in Russland als Mathematiklehrerin tätig und arbeitet heute an einer Ganztagesschule in der Hausaufgabenbetreuung. Die andere Befragte der älteren Altersgruppe war in Kasachstan nicht berufstätig und arbeitet heute als Musiklehrerin.

Nr.	Bildungsabschluss	Berufstätigkeit BRD	Berufstätigkeit Russland
A	Abitur	Student / Nachhilfelehrer	Student
B	Fachhochschule	Nicht berufstätig	Russisch- und Deutschlehrerin
C	Fachhochschulreife	Verwaltungsbeamtin	Schülerin
D	Hauptschule	Schülerin / Ein-Euro-Jobberin	Schülerin
E	Hochschule Russland	Hausaufgabenbetreuung	Mathematiklehrerin
F	Hochschule Russland	Musiklehrerin	Nicht berufstätig
G	Fachhochschule	Sozialpädagoge	Schüler

Tabelle Nr. 3: Bildungsniveau und Berufstätigkeit – Einzelnachweis

Hinsichtlich des Bildungsstatus kann die Stichprobe – obwohl durchaus auch Personen mit niedrigeren Bildungszertifikaten vertreten sind – insgesamt eher in einem höheren Bildungsniveau verortet und dementsprechend als nicht durchgängig ausgewogen bezeichnet werden. Dies ist darin begründet, dass bei der Akquirierung von Interviewpartnern das Bildungsniveau nicht explizit nachgefragt wurde. Bezüglich der aktuellen Berufstätigkeit kann eine etwas höhere Ausgewogenheit festgestellt werden, da sowohl nicht erwerbstätige Personen, Personen aus Bereichen mit eher niedrigen Qualifikationsanforderungen als auch Personen aus Berufsgruppen mit hohen Qualifikationsanforderungen vertreten sind.

Bezüglich des Familienstandes und dem Vorhandensein von Kindern kann die Stichprobe als ausgewogen betrachtet werden. So waren von den sieben Befragten zum Zeitpunkt der Datenerhebung vier ledig und drei verheiratet. Alle der verheirateten und eine der ledigen Befragten haben Kinder. Fünf der Befragten leben im Kernfamilienverband – also Eltern und Geschwister sowie Lebenspartnerin und Kinder – gemeinsam in einem Haushalt. Bei einer der Befragten leben zusätzlich zur Kernfamilie ebenfalls die Schwiegertochter und ein Enkel im selben Haushalt. Eine der Befragten wohnt alleine im eigenen Haushalt. Auch bezüglich der Wohnform ist die Stichprobe als heterogen und somit ausgewogen im Sinne der angestrebten Zusammensetzung der Zielgruppe der Datenerhebung einzuschätzen. So wohnen vier der Befragten in

Mietwohnungen, eine der Befragten in einer Eigentumswohnung und zwei der Befragten im eigenen Haus. Im Wohnumfeld aller Befragten sind dabei (Spät-) Aussiedler stark vertreten. Vier der Befragten gaben zudem an, dass auch andere Migrantengruppen stark in ihrem Wohnumfeld vertreten seien. Nur drei der Befragten leben in einem Wohnumfeld, in dem zudem auch ‚einheimische Deutsche' gleichwertig vertreten sind. Alle Befragten attestierten ihrem Wohnumfeld eine gute bzw. eher gute soziale Infrastruktur. Vier der Befragten gaben zudem an, dass in ihrem Wohnumfeld auch dem Verwandtschaftskontext zuzuordnende Personen leben, die sie bereits aus ihrem Herkunftsland kennen. Diesem Befund weiter folgend kann festgehalten werden, dass die persönlichen sozialen Netzwerke der befragten Personen wohl zum größten Teil räumlich in deren weiterem Wohnumfeld situiert sind. So gaben fünf der Befragten an, dass die meisten ihrer Familienangehörigen, Verwandten, Freunden und Bekannten in ihrer Nähe oder eher in ihrer Nähe wohnen. Dementsprechend gaben auch alle Befragten an, dass es ihnen sehr bzw. eher wichtig ist, dass die eben genannten Gruppen in Wohnortnähe zu ihnen selbst leben.

Nr.	Familienstand	Kinder	Haushaltsgröße	Personen im Haushalt	Wohnform
A	ledig	keine	3 Personen	Eltern	Mietwohnung
B	ledig	1 Kind	5 Personen	Eltern, Kind, Bruder	Mietwohnung
C	ledig	keine	4 Personen	Eltern, Schwester	Mietwohnung
D	ledig	keine	1 Person	keine	Mietwohnung
E	verheiratet	1 Kind	6 Personen	Lebenspartner, Kind, Schwiegertochter, Enkel	Eigentumswohnung
F	verheiratet	2 Kinder	4 Personen	Lebenspartner, Kinder	eigenes Haus
G	verheiratet	2 Kinder	4 Personen	Lebenspartnerin, Kinder	eigenes Haus

Tabelle Nr. 4: Familienstand und Haushalt – Einzelnachweis

Vier der Befragten sprechen mit ihren Familienangehörigen vorwiegend Russisch, zwei sowohl Russisch als auch Deutsch und nur einer der Befragten vorwiegend Deutsch. In der Kommunikation mit Freunden entsteht dabei jedoch ein anderes Bild. So spricht lediglich einer der Befragten mit seinen Freunden vorwiegend Russisch, zwei der Befragten sprechen mit ihren Freunden vorwiegend Deutsch und vier der Befragten sowohl Russisch als auch Deutsch.

Nr.	Familienangehörige	Freunde
A	Russisch	Russisch
B	Russisch	Russisch und Deutsch
C	Russisch	Deutsch
D	Russisch	Russisch und Deutsch
E	Russisch und Deutsch	Russisch und Deutsch
F	Russisch und Deutsch	Russisch und Deutsch
G	Deutsch	Deutsch

Tabelle Nr. 5: Sprache – Einzelnachweis

Bis auf eine der Befragten haben bereits alle Befragten Dienste sozialer Einrichtungen in Anspruch genommen. Sechs der Befragten hatten Kontakt zu Aussiedlerberatungsstellen, fünf zur Agentur für Arbeit, drei zum Jugendamt und jeweils ein Befragter zu Einrichtungen der Sprachförderung und zu Migrationsberatungsstellen.

Ein erstes Anliegen dieser Studie war es, für die Datenerhebung eine in den verschiedenen soziodemographischen Ausprägungen heterogene Stichprobe heranzuziehen, um hinsichtlich der zentralen Fragestellung dieser Arbeit Gleiches im Unterschiedlichen herausarbeiten zu können. Diese Heterogenität konnte nicht in allen Bereichen realisiert werden. So ist die Stichprobe zwar hinsichtlich des juristischen Status, der Aufenthaltsdauer und des Einreisealters der Befragten sowie hinsichtlich der Berufstätigkeit als auch des Familienstandes, des Vorhandenseins von Kindern sowie der Wohnform als heterogen zu betrachten, hinsichtlich des Bildungsniveaus, der Geschlechter- und der Generationenverteilung ist jedoch eine größere Homogenität der Befragten festzustellen. Dementsprechend ist an dieser Stelle festzuhalten, dass die im Folgenden aufgeführten Ergebnisse und deren Bewertung ihre Aussagekraft vor allem in Hinblick auf Frauen, junge Erwachsene und Personen mit einem eher höheren Bildungsniveau entfalten und umgekehrt bezogen auf Männer, ältere Personen und Personen mit niedrigerem Bildungsniveau nur begrenzt aussagekräftig sind.

6.2. Aussiedlungskontext

Im Rahmen der Darstellung des Aussiedlungskontextes werden zunächst die Aussiedlungsgründe der Befragten aufgeführt sowie untersucht, welche Beziehungskontexte auf Seiten der Befragten zum Zeitpunkt der Aussiedlung bereits in der BRD bestanden. Ferner werden Schwierigkeiten der Befragten in der Anfangszeit sowie dementsprechende in dieser Phase erhaltene soziale Unterstützungsleistungen beleuchtet.

Die Entscheidung für die Aussiedlung in die Bundesrepublik ist einer Gemengelage zweier Hauptfaktoren geschuldet. Als einer der zentralen Gründe wurde angegeben, dass die Aussiedlung mit der Hoffnung auf bessere Zukunftsperspektiven bzw. Zukunftsoptionen für die Kinder verbunden war.

> „Ja Mhm die Eltern wollten, dass wir mehr Perspektiven haben. Also, in Russland hatten wir nicht so viele Chancen (h) etwas zu erreichen. Also, man musste dort Mhm viel Geld haben, um etwas zu erreichen, und das hatten wir nicht. Deswegen haben wir uns entschieden nach Deutschland zu kommen" (A).

Wie hier deutlich wird, ist die Hoffnung auf bessere Zukunftsperspektiven auch in ihrer Verbindung zu wirtschaftlichen Gründen sowie der politischen Situation im Herkunftsland zu sehen. Als zweiter Hauptfaktor kann der ethnische Faktor angeführt werden. So wurden der Wunsch nach einer Rückkehr in die Heimat sowie der Wunsch, als Deutsche unter Deutschen zu leben, genannt.

> „[...] dann hat es geheißen: Nun ja, wenn jetzt hier die Probleme können wir nicht lösen alles. Wenn sie mögen, das Heimatstor ist offen. Und ich denke, ich weiß es nicht, aber ich denke der Satz gerade: Das Heimatstor. Weil Heimat, wir haben ewig nicht gewusst: Haben wir eine Heimat oder nicht. Ehrlich zu sagen, wir sind jetzt ein Volk, wo keine Heimat hat. Wir sind jetzt zweihundert Jahre, wir sind jetzt, hier haben wir keine Heimat und dann, und dann auf einmal: Heimatstor offen. [...] Und da kommen wir zurück, und wir sind echte Deutsche. Und wir sind echte, wir haben uns ja als echte Deutsche gesehen. Wir waren Deutsche, wir waren keine Russen. Dann können wir endlich Heimat, da braucht man sich nicht schämen, kann man stolz sein: Ja, ich bin eine Deutsche, hier ist Deutschland und alles. Wir haben solche Träume gehabt" (E).

Neben der Hoffnung auf bessere Zukunftsoptionen sowie dem Wunsch, als Deutsche unter Deutschen in der ursprünglichen Heimat zu leben, wurde angegeben, dass die Aussiedlung aus Gründen der Familienzusammenführung erfolgte. Mit der Hoffnung auf bessere Zukunftsoptionen vor allem für die Kinder, dem Wunsch, in der ursprünglichen Heimat als Deutsche unter Deutschen zu leben sowie der Familienzusammenführung, führten die Befragten dabei diejenigen Aussiedlungsgründe an, welche – wie in den theoretischen Vorüberlegungen zu dieser Arbeit dargelegt – auch in der wissenschaftlichen Diskussion als zentrale Gründe für die Ausreiseentscheidung russlanddeutscher (Spät-) Aussiedler angesehen werden.

Die Aussiedlung nach Deutschland erfolgte meist im Kernfamilienverband – also mit Eltern und Geschwistern sowie mit Ehepartnern und Kindern, teilweise reisten in diesem Zuge jedoch zusätzlich noch weitere Verwandte in die BRD ein. Lediglich eine der Befragten reiste allein nach Deutschland ein. Hierbei nahm sie jedoch eine Art Pionierfunktion ein, da ihr im weiteren Zeitverlauf weitere Familienmitglieder im Sinne einer Kettenmigration nach Deutschland folgten.

"Ich bin dann im Jahr 2001 gekommen, und ich bin alleine gekommen. Mhm Ohne Familie. Mhm Meine Verwandten, ich meine so Tanten und Onkels, sind ein bisschen dann später in einem halben Jahr gekommen. [...] Und dann in drei Jahren sind meine Eltern nach Deutschland gekommen. Und jetzt sind sie schon fünf Jahre hier" (B).

Die in der theoretischen Grundlegung festgehaltenen Befunde der Kettenmigration sowie der Relevanz des Familienverbandes im Aussiedlungskontext können erhärtet werden, wenn die den Befragten zum Aussiedlungszeitpunkt bekannten Personen in Deutschland betrachtet werden. So waren nur zwei der Befragten zum Zeitpunkt der Einreise in die BRD keine Personen bekannt. Alle anderen Befragten kannten bereits in Deutschland lebende Personen, wobei es sich ausschließlich um Verwandte und hier vor allem um eigene Geschwister und Geschwister der Eltern handelte.

Nr.	Begleitpersonen bei der Aussiedlung	Bereits bekannte Personen in der BRD
A	Eltern, Schwester	Verwandte der Mutter
B	keine	keine Personen bekannt
C	Eltern, Schwester, Onkel mit Familie	Schwester, Tante
D	Mutter, Schwester, Bruder	Oma, Tante, Onkel, andere Verwandte
E	eigene Familie, Verwandte	keine Personen bekannt
F	Ehemann	Schwester
G	Eltern, zwei Geschwister	Tante

Tabelle Nr. 6: Erstnetzwerke in der BRD – Einzelnachweis

Diesem Befund entsprechend dürften persönliche soziale Netzwerke in der Anfangsphase nahezu ausschließlich dem primären Netzwerkbereich Familie zugeordnet werden, nahezu ausschließlich aus russlanddeutschen (Spät-) Aussiedlern bestehen sowie – aufgrund dieser Netzwerkkonstitution – sich im weiteren Verlauf vor allem über Kontakte zu russlanddeutschen (Spät-) Aussiedlern und Familienangehörigen weiterentwickeln, wodurch sich vornehmlich soziale Beziehungen zu russlanddeutschen (Spät-) Aussiedlern und somit russlanddeutsche Netzwerke herausbilden dürften.

Die Anfangsphase nach der Einreise in die Bundesrepublik Deutschland kann als durch verschiedene Schwierigkeiten gekennzeichnet angesehen werden. Zu nennen sind hier an erster Stelle Fremdheitsgefühle aufgrund mangelnder Sprachkompetenz.

> „Ich habe mich wie ein Alien gefühlt. [...] Ja, weil . . wenn jemand aus Russland kommt und das Ganze für mich, ganz andere Sprache, ganz andere Leute und du weißt nicht, was sie dir sagen, was sie wollen von dir. . . Und dann fühlst du dich irgendwie anders ...wegen den sprachlichen Schwierigkeiten. [...] In Russland habe ich gelernt kein Deutsch, gar keine Fremdsprachen" (D).

In Verbindung mit der sprachlichen Barriere sind auch Schwierigkeiten hinsichtlich des Zurechtfindens im deutschen System sowie der deutschen Bürokratie zu nennen.

> „Auf jeden Fall, wenn wir kommen, wir verstehen überhaupt nicht, was sie von uns möchten von Dokumenten, weil das ist wirklich ein Haufen von Dokumenten" (B).

Als weitere Schwierigkeit können Probleme bezüglich der Arbeitssituation genannt werden. Diese sind dadurch begründet, dass Bildungsabschlüsse aus der ehemaligen Sowjetunion sowie berufliche Erfahrungen in der BRD häufig nicht anerkannt wurden, Umschulungen in niedriger qualifizierte Berufsfelder vorgenommen werden mussten oder aber überhaupt keine Umschulungen angeboten wurden.

> „Und dann hat es geheißen: Nein, Umschulung nein, sie sind zu alt. Fertig. Und dann ist man zum Arbeitsamt. Die arme Frau, wo dort gesessen hatte, die hat gesagt: ja, aber ihr habt Hochschule, ihr habt hinter euch dreiundzwanzig Jahre Erfahrung, Mathelehrerin und alles. Sie haben Hochschule, wir probieren schon. [...] Den ganzen Stapel habe ich mitgenommen, die ganze Medaillen und alles habe ich mitgenommen, habe sie hingelegt: Schauen sie mal, guck, ich war nicht, Mhm ich war wirklich gut bei der Arbeit, da schau mal wie viel. [...] Schau mal, das habe ich auch, das habe ich auch, dass ich gut arbeite und alles. Ja, aber sie haben keine Ausbildung. . . Ich verstehe das schon. Aber irgendwie dann trotzdem sagen: Ja warte mal, ich weiß nicht warum. Sie haben gesagt: Ja wie jetzt, keine Ausbildung, Kreuz, du bist nichts. Fertig. Hast du dich angefangen zu bewerben, aha, als einfacher Arbeiter ist man dort hingekommen" (E).

Soziale Unterstützung hinsichtlich der Bewältigung anfänglicher Schwierigkeiten und dem Zurechtfinden in der BRD kann vor allem in den eben skizzierten Verwandtschaftskontexten bzw. familiären (Erst-) Netzwerken gefunden werden.

"Da sind die Verwandten gefragt. Und das ist der Fall. Der Verwandte führt dich ins Arbeitsamt, der Verwandte führt dich ins Mhm Rathaus, der geht überall mit dir mit, weil selbst schon die Erfahrung, die der selber gemacht hat, das kann dir weiterhelfen. Und so beraten wir uns gegenseitig, was du machen kannst, wo kannst du hingehen, das ist bis heute noch so" (F).

Neben der Informationsvermittlung über systemrelevantes Wissen, erstreckt sich die Unterstützung seitens der Verwandten in der Anfangszeit auf die Bereiche des Zurechtfindens in der deutschen Bürokratie sowie auf die Generierung von Wohnraum und die Erstausstattung für denselben.

"Das war so, ich sag mal so, unsere zweite Oma, die war mit uns immer unterwegs, die hat alle Papiere für uns gemacht, beim Arbeitsamt, dem Wohnamt, überall. Die hat uns auch mit der Wohnung geholfen" (D).

"Ja, die haben uns dann Mhm Möbel, alte Möbel gegeben, als wir in die neue Wohnung (h) eingezogen waren" (A).

Weiterhin kann die Verwandtschaft auch bei der Arbeitsuche und der Überwindung sprachlicher Barrieren soziale Unterstützung leisten.

"Meine Mutter hat jetzt schon eine Arbeit gefunden, weil meine zweite Oma hat ihr geholfen. Sie hat bei einer Putzfirma eine Arbeit gefunden. Und sie arbeitet bis jetzt noch dort. […] Ja, die hat alle Unterlagen ausgefüllt. Die war bei verschiedenen Leihfirmen mit ihr. Und dann hat sie eine Arbeitsstelle gekriegt. . . Weil meine Mutter, sie kann jetzt nicht deutsch. Sie kann so ‚Hallo, wie geht's' sagen, und das war es" (D).

Neben Unterstützung aus dem Verwandtschaftsbereich leisten auch andere (Spät-) Aussiedler wichtige Unterstützungsarbeit, wenn sie über ihre eigenen Erfahrungen berichten und relevante Informationen weitergeben.

"Sie haben vor allem mir erzählt, wie haben sie das alles gemacht. Dass sie zuerst nach Friedland gekommen, Mhm was haben sie da beantragt, dass sie dann schon da in Friedland viel machen und nicht warten, bis sie dann noch in ein Spätaussiedlerheim kommst. […] Wenn ich alleine dann gekommen bin, dann klar, dass ich habe dann selbst erlebt, und ich habe gedacht, dass diese Information von früher waren für mich sehr wichtig zum Beispiel. Konnte ich dann schon auch schätzen" (B).

Zusätzlich zu aus persönlichen sozialen Beziehungen generierter sozialer Unterstützung können auch Unterstützungsleistungen sozialer Dienste als für die Anfangsphase wichtig gekennzeichnet werden. Zu nennen sind dabei Einrichtungen der Sprachförderung sowie die Vermittlung von Systemwissen, Kontakten und Unterstützungsmöglichkeiten seitens sozialer Dienste in den Spätaussiedlerwohnheimen selbst.

Soziale Unterstützung im Sinne des Verhaltensaspekts sozialer Beziehungen wird in der Anfangsphase also vor allem innerhalb der familienbezogenen Erstnetzwerke aber auch durch andere (Spät-) Aussiedler und soziale Organisationen geleistet. Die hierbei geleisteten Unterstützungsformen umfassen Arbeitshilfen, materielle Unterstützung und Information. Die in diesem Rahmen geleistete soziale Unterstützung bezieht sich dabei nahezu ausschließlich auf die Problembereiche Wohnen, Arbeit, Systemwissen sowie Umgang mit Behörden und ist somit vor allem im Versorgungs- und Einkommensspielraum des Lebenslagenansatzes zu verorten.

6.3. Selbsthilfemotivation und Hilfeüberzeugung

Bezüglich sozialer Unterstützung kann als ein erster zentraler Befund festgehalten werden, dass bei russlanddeutschen (Spät-) Aussiedlern eine hohe Motivation dahingehend besteht, Schwierigkeiten und Problemlagen eigenverantwortlich selbst zu lösen und erst dann auf soziale Unterstützung innerhalb der eigenen Netzwerke zurückzugreifen, wenn konkrete (Not-) Situationen dies unbedingt erfordern. Diese hohe Selbsthilfemotivation wird dabei teilweise als Voraussetzung dafür angesehen, in alleine nicht mehr zu bewältigenden Situationen soziale Unterstützung von anderen Personen zu erhalten.

„Am liebsten würde ich das Ganze selbst machen. […] Ja... Ich habe mich daran gewöhnt Mhm selbst zurechtzukommen. Also, wenn du selbst nichts machst, dann macht auch kein Mensch für dich was" (A).

„Ja, weil eigentlich für mich, bis ich zwei Beine und zwei Hände habe, dann mach ich es selbst. Dann brauch ich nicht Hilfe... Oder bis ich gesund bin... Ich kann meine Probleme selbst erledigen" (B).

„Bei vielen dieser Menschen weiß ich, dass ich auf Hilfe zurückgreifen kann. Das tue ich nicht, das würde ich erst tun, wenn wirklich eine Notsituation eintrifft, also wenn ich gar nicht mehr anders weiß" (G).

Neben dem Bestreben, eigene Schwierigkeiten und Problemlagen eigenverantwortlich ohne Rückgriff auf soziale Unterstützungspotentiale Dritter zu lösen, besteht jedoch auch die hoch ausgeprägte Überzeugung, im Bedarfsfall immer Hilfeleistungen aus dem eigenen persönlichen sozialen Netzwerk zu erhalten. Diese Überzeugung speist sich dabei vor allem aus unterstützungsrelevanten Situationen in der Vergangenheit.

„Ja, also ich kann mir jetzt eine Situation nicht vorstellen, in der ich dann sagen müsste, also wenn das alles wegbricht, also bleibt bei mir immer noch die Familie, wo ich sicher weiß, dass ich dort Hilfe holen kann" (G).

„Ich sage, in jedem Abschnitt war jemand dabei. [...] Das war so, ich sage, das ist bei mir mehr so mit Gefühlen zu tun, und es gibt immer Leute, die immer dabei sind und wirklich unterstützen mich in diesem Moment. [...] Es war immer Unterstützung. Also ich habe wirklich nicht erlebt Situation, wo ich keine Unterstützung bekommen habe. Klar, das sind verschiedene Leute dann geholfen, aber keine Situation, wo hat mir niemand geholfen. Gibt es nicht" (B).

Russlanddeutsche (Spät-) Aussiedler weisen also sowohl eine hohe Selbsthilfemotivation als auch eine tiefe Überzeugung dahingehend auf, bei sozialen Problemen und soziale Unterstützung zu finden und gehen aufgrund individueller Erfahrungen von einem hohen Sozialkapitalstamm an verfügbaren Ressourcen im eigenen persönlichen sozialen Netzwerk aus. Hiermit sind Dimensionen sozialer Unterstützung angesprochen. So ist bereits die Erwartbarkeit von Hilfe als soziale Unterstützung im Sinne des kognitiven Aspektes sozialer Beziehungen zu werten, welche im Sinne des Haupteffektes sozialer Unterstützung individuell stabilisierend wirkt und somit unabhängig von konkreten Stressoren zu einer Steigerung des Selbstwertgefühls führt und physische und psychische Gesundheit sowie eine positive Entwicklung fördert.

6.4. Persönliche soziale Netzwerke und soziale Unterstützung

Um die Netzwerk- und Unterstützungsrealität russlanddeutscher (Spät-) Aussiedler herauszuarbeiten, werden im Rahmen des vorliegenden Kapitels die sozialen Bezüge, innerhalb derer sich die Befragten bewegen, einer genaueren Betrachtung entlang verschiedener Netzwerkbereiche unterzogen sowie die hierin mobilisierte soziale Unterstützung untersucht. Dabei werden zunächst die primären Netzwerkbereiche Familie (Kapitel 6.4.1.) und Freunde (Kapitel 6.4.2) sowie sonstige primäre Netzwerkbereiche (Kapitel 6.4.3.) betrachtet. Weiterhin werden der sekundäre Netzwerkbereich der Kollegen (Kapitel 6.4.4.) sowie der der tertiären Netzwerkebene zuzurechnende

Bereich der sozialen Organisationen (Kapitel 6.4.5.) dargestellt und hinsichtlich ihrer Unterstützungspotentiale analysiert.

6.4.1. Primärer Netzwerkbereich I: Familie

Im Sinne der skizzierten netzwerktheoretischen Perspektive können Familie und Verwandtschaft als primäre bzw. mikrosoziale Netzwerkbereiche aufgefasst werden. So werden Personen in Familie und Verwandtschaft zum einen hineingeboren und unterliegen einem gemeinsamen Fokus im Sinne der Fokustheorie, zum anderen sind das tatsächliche Vorhandensein sowie die Qualität der sozialen Beziehungen zu dieser Personengruppe – zumindest teilweise – eigenen Optionsentscheidungen unterworfen. Im Folgenden wird der Netzwerksektor Familie beschrieben (Kapitel 6.4.1.1.), um anschließend die hierin verorteten Potentiale sozialer Unterstützung herausarbeiten zu können (Kapitel 6.4.1.2.).

6.4.1.1. Sektorenbeschreibung

Der Netzwerksektor Familie genießt höchste Priorität und kann als zentraler Lebensinhalt und wichtigster Netzwerkbereich markiert werden.

> „Familie ist für mich alles, für das lebe ich auch auf der Welt. [...] Ja die ist alles. (h) Das ist ja dein Leben, Familie ist dein Leben. (Pause) Dazu lebt man ja, dass man der Mama, ich meine, weil Eltern was jetzt in dieser Zeit was Gutes machen kann und helfen kann, wenn sie Hilfe brauchen, alles. Genauso der Sohn, für den hat man sich Mhm der ist auf die Welt gekommen, es war riesige Freude, und dann hat man alles nur für ihn getan. Ich meine nicht, dass man jetzt alles nur nach ihm, da, aber für ihn hat man gewohnt, geliebt, alles gemacht und alles dann. Weiß ich nicht, das ist alles, Familie ist alles für einen Mensch. Ohne Familie ist überhaupt, da verstehe ich gar nicht, dass man leben kann ohne Familie. Gewiss passiert jetzt, dass der Mensch alle verloren hat, aber es ist das Schrecklichste. Dann ist man schon fast tot" (E).

In diesem Kontext kann Familie also als sinngebende Instanz angesehen werden, wobei das ‚Familie-Sein' durch eine hohe emotionale Nähe gekennzeichnet ist, welche im Zusammenhang mit Vertrauen, Liebe, Geborgenheit, absolutem Rückhalt und in diesem Sinne auch sozialer Unterstützung gesehen wird.

"Vertrauen, Liebe, ja. Ja und der Glaube an einen, also . . also ich erwarte von der Familie nichts Aktives. Also ich erwarte nicht von der Familie, dass sie mich finanziell unterstützt oder dass sie mich irgendwie moralisch unterstützt. Das ist einfach gegeben, das ist einfach ja, das ist ein komischer Vergleich, aber das ist die Seele eines Menschen, ja, das ist etwas das einem einen Sinn gibt. [...] Ja, unbedingt das Halt gibt" (G).

"Familie ist für mich so, dass die Leute, die am nächsten für mich sind. Die für mich immer da sind, die ich liebe. Und die lieben mich auch. . . Ja, keine Ahnung, es ist so, meine Familie, wenn wir eine Familie haben, dann wir uns unterstützen und schauen. Egal um was, ob wir feiern, ob wir eine Trauer haben" (D).

Hinsichtlich der herausstechenden Zentralität sowie den Bedingungen des ‚Familie-Seins' besteht bei den Befragten also eine weitgehende Übereinstimmung. Unterschiede bestehen jedoch hinsichtlich der Personen, welche der Familie zugeordnet werden sowie hinsichtlich deren Nähe. Von allen Befragten dem Sektor Familie zugeordnet wurden Personen, welche der Kernfamilie – also Eltern und Geschwister sowie Lebenspartner und Kinder – zuzurechnen sind. Als die Personen mit der höchsten Nähe können – sofern vorhanden – die eigenen Kinder (M = 1,0 Ring) bezeichnet werden.[21] Eine generell hohe Nähe besteht weiterhin zu den Eltern sowie zu den Lebenspartnern. So wurden mit einer Ausnahme die Eltern (M = 1,6 Ring) sowie die Lebenspartner (M = 1,7 Ring) ausschließlich im ersten oder zweiten Ring der Netzwerkkarte platziert. Auch den Geschwistern (M = 2,4 Ring) kann generell eine eher hohe Nähe attestiert werden. Insgesamt kann festgehalten werden, dass die Kernfamilie eine große Nähe und dementsprechend eine hohe Wichtigkeit besitzt. Dass hierbei zu Familienangehörigen, welche im selben Haushalt leben, eine hohe Kontakthäufigkeit bestehen dürfte, ist sicherlich eine triviale Erkenntnis. Aufgrund der oben skizzierten, generell hohen emotionalen Nähe zur Familie und der hohen Nähe zu Mitgliedern der Kernfamilie wird jedoch auch versucht, zu nicht im selben Haushalt lebenden Mitgliedern – wie bspw. Eltern oder Geschwister – über Besuche und Telefonate einen engen Kontakt zu halten.

"Ja, nur die Schwester und die Mama wohnen jetzt weg, so. Aber, fast jeden Tag bin ich dort kurz. Ich probiere jeden Tag. Aber oft passiert, dass ich ein Mal oder zwei Mal nicht hinkomme. Aber so unbedingt, weil die Mama und die Schwester sind zusammen" (E).

---

[21] Da hinsichtlich des Verständnisses der Netzwerkkarte sowie der Nähenzuordnung über die Ringe derselben auf Seiten der Befragten ein unterschiedliches Verständnis bestehen dürfte, können die im weiteren Text folgenden ‚Nähenangaben' lediglich als Tendenzen verstanden werden.

Zusätzlich zur Kernfamilie werden der Familie auch weitere Verwandte wie bspw. Großeltern, Tanten und Onkels oder Cousins und Cousinen zugerechnet. Insofern wird Familie hier generell eher nicht im Sinne der reinen Kernfamilie über den Verwandtschaftsgrad sondern im Sinne der ‚Blutsverwandtschaft' definiert. Drei der Befragten nahmen im Rahmen der Erstellung der Netzwerkkarte jedoch eine Trennung der Bereiche Familie und Verwandtschaft vor. Diese bezogen den Terminus Familie ausschließlich auf die Kernfamilie, wobei eine Befragte diese noch um die im selben Haushalt lebende Familie des Sohnes erweiterte. Die Trennung zwischen Familie und Verwandtschaft war bei einer Befragten jedoch lediglich analytischer Natur und bei einem Befragten lediglich eine Frage der Nähe der Personen. Die dritte Befragte, die eine Trennung der Bereiche Familie und Verwandtschaft vornahm, bezeichnete Verwandte als ‚Blutsfreunde' zu denen zwar nicht zwingend enge Bindungen bestehen, welche aber trotzdem in den unbedingten Rückhalt und den Unterstützungswillen – wie er gegenüber der Familie besteht – einbezogen werden. Aufgrund der eben skizzierten Unschärfen hinsichtlich der von den drei Befragten vorgenommenen Trennung der Netzwerksektoren Familie und Verwandtschaft sowie der Überschneidung der hierin enthaltenen Personen bzw. Personengruppen wird diese Trennung in der weiteren Beschreibung der im Netzwerksektor Familie enthaltenen Personen nicht berücksichtigt. Personen aus dem Sektor Verwandtschaft werden also dem Sektor Familie zugeordnet.

Hinsichtlich der weiteren im Familien- bzw. Verwandtschaftskontext genannten Personen besteht eine große Heterogenität bezüglich der Nähen- bzw. Wichtigkeitszuordnung. Die größte Nähe weisen dabei die der Kernfamilie am nächsten stehenden Verwandten – die Großeltern (M = 2,8 Ring) – auf. Die insgesamt größte Distanz besteht zu den Tanten und Onkels (M = 4,6 Ring). Die größten Unterschiede hinsichtlich der zugemessenen Nähe bestehen innerhalb der – zumeist altershomogenen – Gruppe der Cousins und Cousinen (M = 3,4 Ring). Weitere genannte Familien- bzw. Verwandtschaftsmitglieder finden sich mit Ausnahme des ersten Ringes in allen Nähenabstufungen wieder. Aus der auch innerhalb der verschiedenen Verwandtschaftsgruppen bestehenden Heterogenität bezüglich der Nähe genannter Personen lässt sich ableiten, dass keine generelle Verbindung zwischen dem Verwandtschaftsgrad und der Nähe der jeweiligen Personen besteht. Als Tendenz lässt sich jedoch festhalten, dass die Nähe analog zum Verwandtschaftsgrad sowie zur Altershomogenität ab- bzw. zunimmt. Die tatsächliche Begründung dafür, ob eine Person aus dem Familien- und Verwandtschaftskreis eher nahe oder fern steht, liegt im Sinne einer Wahlverwandtschaft wohl eher in den tatsächlichen Alltagsbezügen bzw. im gemeinsamen Fokus sowie in eigenen Optionsentscheidungen.

Unabhängig von der individuellen Bedeutsamkeitszuschreibung bzw. zur – auch regionalen – Nähe der jeweiligen Familien- und Verwandtschaftsmitglieder kann – auch wenn kein regelmäßiger face-to-face Kontakt zu diesen besteht bzw. face-to-face Kontakte lediglich im Rahmen von Familienfeiern zustande kommen – das Bestreben attestiert werden, einen innerfamiliären Austausch – auch wenn dieser nur telefonisch geschieht – aufrecht zu erhalten.

> „Aber so, dass man jetzt sich sieht, hier das ist ja alles zu weit. Jetzt, wenn wir nehmen jetzt Köln, Hessen und alles. Wir sehen uns ehrlich gesagt nur wenn Hochzeiten sind oder ist wer gestorben, weil das ist zu weit [...] Darum nur telefonisch. Jede Woche oder Mhm spätestens, am längsten zwei Wochen, aber zwei Mal im Monat unbedingt" (E).

Zusammenfassend kann festgehalten werden, dass russlanddeutsche (Spät-) Aussiedler die Familie über die Kernfamilie hinaus im Sinne der ‚Blutsverwandtschaft' definieren. Dabei ist die Familie durch eine hohe emotionale Nähe gekennzeichnet und fungiert als Lebensinhalt und sinngebende Instanz. Familie-Sein wird dabei mit Vertrauen, Liebe, Geborgenheit und Rückhalt gleichgesetzt. Mit der Vermittlung von Geborgenheit und Liebe sind dabei Aspekte sozialer Unterstützung im Sinne des emotionalen Aspekts sozialer Beziehungen angesprochen und mit Vertrauen und Rückhalt den kognitiven Aspekt sozialer Beziehungen betreffende Unterstützungspotentiale. Die hierbei tatsächlich bestehenden sozialen Beziehungen müssen jedoch einer genaueren Betrachtung unterzogen werden. Bezüglich Angehöriger der Kernfamilie sind generell eher starke Bindungen anzunehmen, da die hier vorhandenen sozialen Beziehungen – zusätzlich zu der hohen emotionalen Bindung – durchgehend von einer hohen Nähe sowie – sofern möglich – von einer hohen Kontakthäufigkeit geprägt sind. Weitere Familienangehörige bzw. Verwandte werden zwar auch in die generelle emotionale Bindung zur Familie einbezogen, weisen jedoch insgesamt eine eher niedrigere Nähe sowie weiterhin innerhalb der verschiedenen Verwandtschaftsgruppen heterogene Nähenzuschreibungen auf. Zudem ist – selbst wenn auch hier versucht wird, den innerfamiliären Austausch aufrechtzuerhalten – bei den Verwandten eine geringere Kontakthäufigkeit im Sinne von face-to-face Kontakten festzustellen. Dementsprechend bestehen zu den Verwandten insgesamt eher mittelstarke bis schwache Bindungen, wobei auch innerhalb des erweiterten Familien- bzw. Verwandtschaftskreises starke Bindungen im Sinne von Wahlverwandtschaften realisiert werden, die auf Optionsentscheidungen innerhalb des gemeinsamen Fokus Familie beruhen dürften.

6.4.1.2. Soziale Unterstützung

Analog zur hohen Wertigkeit, die dem Netzwerkbereich Familie von russlanddeutschen (Spät-) Aussiedlern zugesprochen wird, besteht eigenen Familienangehörigen gegenüber die unbedingte Bereitschaft, selbst soziale Unterstützung zu leisten.

> "Na ja, wie soll ich sagen, also wenn ... also ich, die Familie hat für mich persönlich die höchste Priorität. Also wenn jetzt ein Anruf kommt und ein Familienmitglied braucht mich, dann werde ich dieses Interview abbrechen und da hingehen, weil das für mich einfach etwas ist, für das man lebt, ja" (G).

> "Dann ... meine Schwester, meiner Mutter habe ich geholfen. Ich helfe immer, ich helfe jetzt meiner Schwester und meiner Mutter. Mit meiner Mutter gehe ich zum Beispiel zum Arzt, weil sie kann kein Deutsch. . . Meine Schwester, wenn sie Geld braucht, dann kriegt sie Geld von mir" (D).

Entsprechend der hohen Bereitschaft, soziale Unterstützung innerhalb des eigenen Familienverbandes zu leisten, wird von Seiten der Familie auch eine hohe Unterstützungsbereitschaft im Falle eigener Unterstützungsbedarfe antizipiert.

> "Meine Mutter, Vater, Bruder, die stehen immer hinter mir, das weiß ich, das bin ich mir sicher, dass hinter mir stehen drei Personen . . die mir auf jeden Fall helfen. Egal was ich brauche helfen, sogar mit Geld. Mhm Was sie können für mich so zur Zeit machen, sie machen alles. Das sind wirklich drei Personen, die ich kann immer sagen, die stehen hinter mir und ich habe jemanden" (B).

> "Weil Familie ist am nächsten für mich. . . Weil die helfen mir immer, wenn ich Hilfe brauche. Die unterstützen mich, wenn ich weine, oder wenn es bei mir nicht so klappt, wie ich wollte. Die versuchen mich immer zu unterstützen. [...] Weil ich könnte immer zum Beispiel zu meiner Mutter kommen und sagen: Mama, ich brauche irgendwas, wie zum Beispiel ich brauche irgendwas und kann das nicht selber" (D).

Russlanddeutsche (Spät-) Aussiedler antizipieren also eine hohe Unterstützungsbereitschaft seitens des eigenen Familienverbandes im Bedarfsfall und weisen umgekehrt die unbedingte Bereitschaft auf, innerhalb der Familie soziale Unterstützung zu leisten. Diese Unterstützungsbereitschaft wird dabei nicht nur postuliert und antizipiert, sondern schlägt sich auch in realen Entsprechungen nieder. So wurden von den

Befragten verschiedenste Bereiche genannt, in denen soziale Unterstützung – im Sinne des Verhaltensaspekts sozialer Beziehungen – in der Familie selbst geleistet oder aber auch empfangen wurde. In diesem Zusammenhang kann als erster Aspekt materielle Unterstützung angeführt werden. Diese bezieht sich dabei sowohl auf monetäre Unterstützung als auch auf die Versorgung mit materiellen Gütern.

„Und Mhm wo habe ich jetzt, die Schulden habe ich nicht alle von der Bank bekommen. Man hat gar nicht soviel uns gegeben. Verwandtschaft. Verwandtschaft, ich habe Freunde, ich habe Verwandte, die geben das Geld ohne Zinsen. Und zwar, okay, wir machen immer mündliche Verträge: Mhm Kannst du mir zweitausend Euro zum Beispiel ein Jahr leihen? Mhm Natürlich, das gibt man nur, wenn man weiß, dass das auch wirklich zurückkommt. Und das ist bei uns Gott sei Dank noch der Fall. Das ist Ehrensache, und Mhm man hilft sich wirklich gerne aus" (F).

„Ja, ein bisschen Geschirr gegeben, weil die schon voll viel gekauft hatten, und weil sie wussten, dass wir nach Deutschland kommen. Deswegen haben sie ein bisschen gesammelt" (A).

Neben sozialer Unterstützung im Sinne der Versorgung mit materiellen Gütern werden auch Unterstützungsleistungen im Bereich Wohnen sowohl hinsichtlich der Generierung von Wohnraum als auch im Sinne von Arbeitshilfen wie bspw. Unterstützung bei Renovierungs- oder Umzugsarbeiten erbracht.

„Also das ist dann später gekommen. Der Onkel war hier in der Stadt. Der hat, also das war eine Privatwohnung. Wir haben ja nicht einmal diese Sozialwohnungen dann gehabt. Sondern das ist so über Verwandte dann gekommen" (C).

„[…] oder irgendwie so ein Fall wie mit dem Haus, ja. Mhm Umzug, Renovierung, es ist kein Problem. Brauchst du nicht sagen: Ich bezahle dich. Ich mache ein Essen, ich mache einen Tee und die Männer arbeiten oben. Und dann kommen sie runter, wenn das Essen fertig" (F).

Gegenseitige soziale Unterstützung wird in russlanddeutschen (Spät-) Aussiedlerfamilien – vor allem in der Anfangsphase nach der Aussiedlung – auch hinsichtlich des Zugangs und des Kontakts sowie in der konkreten Interaktion mit Behörden und Organisationen – auch im Hinblick auf die eben genannten Dimensionen Wohnen und materielle Versorgung – geleistet, wobei zentrale Punkte das Verstehen und Ausfüllen von Dokumenten sowie die Überwindung sprachlicher Barrieren darstellen.

„Also alleine die sprachliche Barriere. Obwohl, wir hatten jetzt noch Glück gehabt, sag ich jetzt mal. Weil meine Mama hat dort Deutsch studiert, Lehramt. Das ging, also die hat ja wirklich für alle übersetzt und mit jemandem, mit jedem und allen da zu den Ämtern hingerannt und hat das übersetzt und gedolmetscht" (C).

Als weiterer wichtiger Bereich, in dem soziale Unterstützung innerhalb der Familie geleistet wird, kann der gesundheitliche Bereich und hier im speziellen die Pflege und Betreuung älterer Familienangehöriger genannt werden.

„Sie wohnt in einer kleinen Wohnung. Sie bekommt absolut alles gemacht von uns. Von Wäsche, Massage, Baden. Sie nimmt keine andere Hilfe an. Sie braucht keine Krankenschwester, nichts. Sie braucht uns und wir machen ihr alles – Fußmassage, Baden. Sie weiß auch von jedem Kind, es was er ihr besser geben kann. Und das nimmt sie sich. Ja, sie hat es gut, und ich gönne ihr das. Sie hat es verdient" (F).

Darüber hinaus wird im gesundheitlichen Bereich – insofern entsprechendes Wissen bzw. entsprechende Kompetenzen in den Familien vorhanden sind – soziale Unterstützung im Sinne von Supervision und Beratung in Gesundheitsfragen und Begleitung bei Arztbesuchen geleistet.

Zusätzlich zu sozialer Unterstützung in konkreten Problembereichen wird auf den Verhaltensaspekt sozialer Beziehungen bezogene soziale Unterstützung in russlanddeutschen (Spät-) Aussiedlerfamilien auch in verschiedenen Alltagsbezügen realisiert, wie beispielsweise Kinderbetreuung, Einkaufsgänge, dem Ausleihen von Werkzeugen oder dem Verrichten sonstiger kleinerer im Alltag anfälligen Arbeitsgänge.

„Dann bei meinen Cousinen, bei meiner älteren Cousine, ich habe bei denen mal geholfen. Wenn das Kind klein war und ich war noch jung . . . Damals bin ich immer mit dem Kind so Babysitten. Ich war Babysitter" (B).

In der Familie wird soziale Unterstützung nicht nur im Rahmen konkreter Handlungen realisiert. So dienen Familienmitglieder auch als Ansprechpartner, Rat- und Informationsgeber und die Familie in diesem Sinne als Ort der gegenseitigen Beratung, an dem versucht wird, Lösungswege bzw. Unterstützungsmöglichkeiten zu finden.

„Zum Beispiel, mit Mhm anderen Familienmitgliedern sprechen zu können. ... Über verschiedene Themen, so das bei uns ist. [...] Das sind Mhm Sachen wie Ausbildung. Dann so irgendwelche Beziehungsprobleme ... allgemeine Probleme, über den Tag, was so passiert. [...] Ja und die besprechen wir dann und die Familie kann dann vielleicht helfen, wenn die kann" (A).

Zusammenfassend kann festgehalten werden, dass von Seiten der Familienangehörigen eine hohe Unterstützungsbereitschaft antizipiert wird, womit soziale Unterstützung im Sinne des kognitiven Aspektes sozialer Beziehungen angesprochen ist. Umgekehrt besteht jedoch auch die unbedingte Bereitschaft, für eigene Familienangehörige soziale Unterstützung zu leisten. Somit kann hier insgesamt eine auf Vertrauen basierte, mindestens verzögerte bis generalisierte Reziprozität angenommen werden. Darüber hinaus stellt die Familie sowohl in Krisen- als auch in Alltagssituationen Ressourcen zur Verfügung. Die von der Familie in diesem Zusammenhang geleistete soziale Unterstützung im Sinne des Verhaltensaspekts sozialer Beziehungen beinhaltet dabei materielle Unterstützung über die Bereitstellung von Geld und Gütern sowie Arbeitshilfen in den verschiedensten Bereichen und Alltagsbezügen wie bspw. Unterstützung bei Umzügen oder in der Kinderbetreuung. Weiterhin dient die Familie als Ort der Beratung hinsichtlich konkreter Lebensprobleme und leistet Pflege sowohl für ältere Familienmitglieder als auch für Kinder. Aufgrund der im vorangegangenen Kapitel skizzierten hohen Kontakthäufigkeit zu den Familienmitgliedern dürfte im Bereich Familie weiterhin soziale Unterstützung im Sinne der verhaltensstabilisierenden Alltagsinteraktion sowie der Geselligkeitsunterstützung vorzufinden sein. Wird die Gesamtheit des im Netzwerkbereich Familie vorhandenen Ressourcenspektrums, die hohe Hilfeerwartung bzw. das Vertrauen, im Bedarfsfall auch tatsächlich soziale Unterstützung zu erhalten sowie die hiermit verbundene Reziprozität betrachtet, kann hier ein hohes Vermögen an Sozialkapital angenommen werden. Wie die oben zitierten Beispiele zeigen, vollzieht sich die Nutzung dieses Vermögens bzw. dessen Umsetzung in konkrete soziale Unterstützung dabei über materielle Unterstützung mit Geld und Gütern aber auch Arbeitshilfen wie die Begleitung bei Behördengängen und Umgang mit Dokumenten im Versorgungs- und Einkommensspielraum des Lebenslagenansatzes, über die Pflege von Eltern und Kindern sowie über Beratung im gesundheitlichen Spielraum, über Arbeitshilfen im Bereich Wohnen, der Kinderbetreuung, aber auch in Form von Geselligkeit im Muße- und Regenerationsspielraum, über problembezogene Beratung, aber auch Unterstützung in akuten Krisenfällen im Lern- und Erfahrungsspielraum sowie über Alltagsinteraktionen und der hohen Kontaktdichte im Kontakt- und Kooperationsspielraum.

6.4.2. Primärer Netzwerkbereich II: Freunde

Der netzwerktheoretischen Perspektive folgend kann der Bereich Freunde als primärer bzw. mikrosozialer Netzwerkbereiche aufgefasst werden, da das tatsächliche Vorhandensein von Freundschaften sowie Qualität und Inhalt der sozialen Beziehungen zu dieser Personengruppe eigenen Optionsentscheidungen unterworfen sind. Im Folgenden wird der Netzwerksektor Freunde beschrieben (Kapitel 6.4.2.1.) und anschließend die hierin verorteten Potentiale sozialer Unterstützung herausgearbeitet (Kapitel 6.4.2.2.).

6.4.2.1.   Sektorenbeschreibung

Nach der Familie genießt der Netzwerksektor Freunde bei den Befragten die höchste Priorität. Dabei zeichnet sich Freundschaft durch eine enge Verbundenheit bzw. große emotionale Nähe aus, welche gar der emotionalen Nähe zur Familie ähnlich sein kann und durch Verständnis, Rückhalt und auch soziale Unterstützung geprägt ist.

> „Das ist auch Leute, die fast wie Familie für mich sind. . . Ja, zum Beispiel, ich habe einen besten Kumpel. Mit dem verstehe ich mich . . ganz gut. . . Das heißt, wenn ich halbe Stunde da bin, der versteht mich schon. (..),(...) Und wenn ich irgendwas brauche, sogar wenn ich Geld brauche, der gibt mir das. . . Und er sagt nicht: Nein, ich habe jetzt keins. Der findet das für mich. Genauso wie meine Familie. Oder wenn ich Unterstützung brauche, wenn ich weine. Ich rufe ihn an: Kannst du bitte kommen, und er kommt" (D).

Als wichtig für Freundschaften kann außerdem markiert werden, dass diese dauerhaft und in gemeinsamer Geschichte verankert sind und sich somit durch Beständigkeit über die Zeit hinweg auszeichnen.

> „Also irgendein, nicht sagt irgendwann, ja, also auch nicht zu oft den Freundeskreis wechselt. Also manche, es gibt ja einige, die irgendwie . . ein paar Jahre mit dem paar Jahre, also für mich ist halt wichtig eine dauerhafte Freundschaft. Also dass man irgendwie aufbaut, man kennt sich dann irgendwann und man, irgendwann wird das auch teilweise zu Familie. [...] Wenn du eine Zeit lang mit denen zusammen bist, und mit denen auch etwas erlebt hast, und die dir geholfen haben, das ist ja. Also das ist auch sehr wichtig" (C).

Zudem kann angeführt werden, dass bei Freunden bezüglich persönlicher Themen in manchen Fällen mehr Verständnis als in der Familie vorzufinden ist und Freunde in gewissen Bereichen somit auch die Familie ersetzen können.

„Sehr viel, (h) gute Freunde habe ich jetzt nicht viele, muss ich sagen. Ich habe ein paar, mit denen ich absolut alles besprechen kann. Auch negative Sachen, auch positive, und da weiß ich ganz genau, die sind immer für mich da, sie werden mich nie verraten. Und Mhm wenn ich zum Beispiel auch was persönliches Mhm klären möchte, gehe ich nicht zur Familie, gehe ich zu den Freunden. Sie sind mir sogar, in manchen Sachen ersetzen sie sogar manche Sachen von der Familie" (F).

Zwei der Befragten nahmen eine Abgrenzung zwischen Freunden und Bekannten vor. Im Unterschied zu Freunden wird Bekannten keine emotionale Nähe zugesprochen und diesen dementsprechend keine Berührungspunkte zu persönlichen Themen gegeben. Ferner bestehen keine regelmäßigen Kontakte und es wird keine soziale Unterstützung nachgefragt oder erwartet. Entsprechend dieser geringen Bedeutsamkeitszuschreibung wurden hier auch keine konkreten Personen genannt.

Bezüglich der Nähe der Personen im Sektor Freunde besteht eine hohe Heterogenität. So wurden Freunde in allen Nähenabstufungen platziert, wobei die Verteilung auf die Ringe eins und zwei sowie auf die Ringe drei und vier anteilig nahezu gleichwertig erfolgte. Die wenigsten Platzierungen erfolgten in den Ringen fünf und sechs. Durchschnittlich kann den einzelnen Personen im Netzwerkbereich Freunde (M = 3,1 Ring) eine eher hohe bis mittlere Nähe attestiert werden. Auffällig ist, dass der Netzwerkbereich Freunde durch eine enorme Geschlechterhomogenität gekennzeichnet ist. Lediglich bei einer Befragten lag ein ausgewogenes Geschlechterverhältnis im Freundeskreis vor. Als weiterer zentraler Befund kann festgehalten werden, dass die Freundeskreise russlanddeutscher (Spät-) Aussiedler nahezu ausschließlich aus russlanddeutschen (Spät-) Aussiedlern oder russlanddeutschen Personen in Russland bestehen. So bestand lediglich bei einem Befragten ein Verhältnis, nach dem der überwiegende Teil des Freundeskreises aus ‚einheimischen Deutschen' bestand.

Zusammenfassend kann festgehalten werden, dass der Netzwerkbereich Freunde sich durch eine enge Verbundenheit zu den jeweiligen Personen und dementsprechend durch eine hohe emotionale Nähe und Zuneigung auszeichnet, welche derjenigen zur Familie ähnlich und durch Verständnis, Rückhalt und der Erwartbarkeit von Hilfe geprägt sein kann. Zu konkreten Personen besteht dabei insgesamt eine hohe bis mittlere Nähe. Bei den Freunden wird vor allem ein Verständnis hinsichtlich intimer persönlicher Themen angenommen, welche in der Familie nicht besprochen werden. Mit Verständnis, Rückhalt und der Erwartbarkeit von Hilfe sind dabei den kognitiven Aspekt sozialer Beziehungen betreffende Unterstützungspotentiale angesprochen. Als weiterhin wichtig für Freundschaften wurde markiert, dass sich diese durch eine Beständigkeit über die Zeit hinweg auszeichnen und somit in gemeinsamer Geschichte verankert sein müssen. Mit der Verankerung in gemeinsamer Geschichte wird dabei auch der kognitive Aspekt sozialer Beziehungen im Sinne der Vermittlung von Zugehörigkeit – in diesem Fall Zugehörigkeit zu einer gemeinsamen Historie – angesprochen. Insgesamt dürften zu den Freunden eher starke Bindungen bestehen, welche sich durch die eben skizzierten Aspekte der hohen emotionalen Intensität und Nähe sowie Verständnis und sozialer Unterstützung in gemeinsam erlebter Geschichte auszeichnen. Innerhalb des Netzwerkbereiches Freunde bestehen dabei jedoch auch soziale Beziehungen, die sich durch eher schwächere Bindungen auszeichnen dürften. Der Netzwerksektor Freunde stellt einen Netzwerkbereich dar, in welchem soziale Beziehungen komplett eigenen Optionsentscheidungen unterliegen. In diesem Zusammenhang ist es bemerkenswert, dass Freundschaftswahlen im Sinne von Präferenzentscheidungen nahezu ausschließlich auf russlanddeutsche (Spät-) Aussiedler und gleichgeschlechtliche Personen fallen, die Freundeskreise dementsprechend als ethnisch und geschlechtermäßig homogen gekennzeichnet werden können.

6.4.2.2. Soziale Unterstützung

Wie eben dargestellt, wird dem Netzwerksektor Freunde eine hohe persönliche Verbundenheit und emotionale Bedeutung zugeschrieben. Demgemäß wird von Seiten der Freunde eine hohe Unterstützungsbereitschaft antizipiert, die ähnlich ausgeprägt wie diejenige auf Seiten der Familie und unabhängig von konkreten Problemlagen ist.

> „Die unterstützen mich. Ja, wenn mir schlecht geht, ich könnte immer anrufen, ganz egal, ob das Nacht oder Tag ist. Und wenn die nicht da sind, dann rufen die zurück. Und der Rest genauso, genauso, wie meine Schwester. Ich könnte die alle anrufen, wenn ich Hilfe brauche. Und ganz egal, was es ist, wofür ich sie brauche. Ob das Mathe, oder Migräne ist" (D).

Die Erwartung, im Netzwerkbereich Freunde soziale Unterstützung zu finden, erfährt dabei auch eine reale Entsprechung in Form tatsächlich erbrachter Unterstützungsleistungen. In diesem Zusammenhang wurden von den Befragten verschiedenste Bereiche genannt, in denen soziale Unterstützung – im Sinne des Verhaltensaspekts sozialer Beziehungen – geleistet und/oder empfangen wurde. In diesem Kontext kann soziale Unterstützung im Sinne monetärer materieller Unterstützung genannt werden.

> „Man muss auch sagen, ich habe ihm auch schon geholfen. Er war auch schon mal in einer schwierigen Lage finanziell, und es war nicht einmal, ich habe nicht einmal darüber nach-

gedacht. Ich hatte die Möglichkeit und auch meine Frau, in der Hinsicht also überhaupt kein Thema" (G).

Im Weiteren wird von Freunden soziale Unterstützung auch in verschiedenen Alltagskontexten erbracht. An erster Stelle ist hier die zeitliche Entlastung von Freunden über die Betreuung von Familienangehörigen – und hier vor allem von Kindern – zu nennen.

„Sie hat selbst gesagt, wenn du gehst jetzt arbeiten und wegen Vater kannst du nicht Kind irgendwie warten, dann bin ich dabei. Das ist dann, zwei, drei, vier Stunden kann ich auch mit deiner Tochter sitzen. Und so sie hat gemacht" (B).

Ebenfalls zu nennen ist der schulische bzw. der Bildungsbereich, in dem soziale Unterstützung im Rahmen von Nachhilfe oder Hausaufgabenbetreuung erbracht wird.

„Ja und meinem Freund helfe ich auch ab und zu in der Mathe. Obwohl er in einer anderen Stadt wohnt, schickt er mir per E-Mail oder per ICQ irgendwelche Aufgaben. Dann rechnen wir das durch und dann kann er vergleichen. Er kann das ganze selber machen, aber er bittet mich um die Hilfe, damit er vergleichen kann" (A).

Zudem wird Unterstützung im Alltag im Rahmen von Gefälligkeiten wie bspw. dem Ausleihen von Autos oder Einkaufsgängen geleistet. Als zentraler Aspekt sozialer Unterstützung im Netzwerkbereich Freunde kann zum einen jedoch das Geben von Ratschlägen und Beratung genannt werden.

„Und war so viele Hilfe ich meine Hilfe jetzt, Mhm ich war damals alleine, und ich brauchte nur das ich kannte jemanden kommen überhaupt und reden, beraten wenn mir schlecht geht oder mir gut geht. Dass da so Ratschläge geben" (B).

Zum anderen kann Geselligkeitsunterstützung und Alltagsinteraktion als zentraler Aspekt sozialer Unterstützung im Freundeskreis markiert werden, bspw. im Rahmen von Festen und Feiern, gemeinsam genutzter Freizeit oder dem Austausch über Alltagsangelegenheiten.

„Wenn etwas zusammen, wir trinken Tee und Mhm haben sehr oft, jetzt bei gutem Wetter im Sommer haben wir uns getroffen und Tee getrunken, einfach mit Kindern auch spazieren gegangen schon" (B).

Zusammenfassend kann festgehalten werden, dass von Seiten der Freunde eine hohe Unterstützungsbereitschaft antizipiert wird, womit soziale Unterstützung im Sinne des kognitiven Aspektes sozialer Beziehungen angesprochen ist. Darüber hinaus stellt der Freundeskreis sowohl in Alltags- als auch in Krisensituationen Ressourcen zur Verfügung. Die von den Freunden geleistete soziale Unterstützung im Sinne des Verhaltensaspekts sozialer Beziehungen beinhaltet dabei materielle Unterstützung über die Bereitstellung von Geld sowie Arbeitshilfen in den verschiedensten Bereichen und Alltagsbezügen wie bspw. Unterstützung im Hinblick auf schulische Belange, Einkaufsgänge oder das Leihen von Dingen, aber auch Information bspw. hinsichtlich des Bildungsbereichs. Weiterhin wird im Freundeskreis über die Betreuung von Angehörigen auch soziale Unterstützung im Sinne der Pflege sowie über das gemeinsame Begehen von Festen und Feiern oder aber auch regelmäßigen Interaktionen soziale Unterstützung im Sinne der Geselligkeitsunterstützung und der Alltagsinteraktion geleistet. Als zentraler Unterstützungsbereich im Netzwerksektor Freunde kann – analog zu der im vorherigen Kapitel skizzierten hohen interpersonalen Intimität – das Geben von Ratschlägen und Beratung hinsichtlich aktueller Lebensthemen und -problematiken genannt werden. Wird die Gesamtheit des im Netzwerkbereich Freunde vorhandenen Ressourcenspektrums sowie das hohe Vertrauen betrachtet, im Bedarfsfall auch tatsächlich soziale Unterstützung zu erhalten, kann hier ein hohes Vermögen an Sozialkapital angenommen werden. Die Nutzung dieses Vermögens bzw. dessen Umsetzung in konkrete soziale Unterstützung vollzieht sich dabei über die materielle Unterstützung aber auch Arbeitshilfen wie die Unterstützung im Bildungsbereich im Versorgungs- und Einkommensspielraum des Lebenslagenansatzes, über die Pflege im gesundheitlichen Spielraum, über Arbeitshilfen wie Kinderbetreuung oder Einkaufsgänge aber auch in Form von Geselligkeit im Muße- und Regenerationsspielraum, über problembezogene Beratung und Unterstützung in akuten Krisenfällen im Lern- und Erfahrungsspielraum sowie über Alltagsinteraktionen und Möglichkeiten des sozialen Austausches im Kontakt- und Kooperationsspielraum.

6.4.3. *Primärer Netzwerkbereich III: Sonstige*

Neben den primären Netzwerkbereichen Familie und Freunde, wurden von den Befragten weitere in mikrosozialen Lebensbereichen verortete Netzwerksektoren angegeben. Genannt wurden hierbei die Bereiche Nachbarschaft, Bürgerschaftliches Engagement, Kirche sowie dem Freizeitbereich zuzuordnende Bereiche wie bspw. Vereine. Dabei berühren die genannten sonstigen primären Netzwerksektoren die verschiedensten Lebensbereiche. So ist der Bereich Nachbarschaft durch das Wohnumfeld vorgegeben und lediglich die direkten sozialen Beziehungen sowie deren Ausprägung werden selbst gewählt. Die Bereiche Bürgerschaftliches Engagement und der Freizeitbereich hingegen erwachsen aus eigener Initiative und eröffnen unter den im jeweiligen Engagementfeld Tätigen bzw. den im jeweiligen Freizeitbereich Aktiven einen gemeinsamen Fokus und somit vielfältige Optionen für verschiedenste Beziehungsentscheidungen. Der Bereich Kirche wiederum ist eng mit dem eigenen Glauben verknüpft und eröffnet somit einen gänzlich anderen – intimen aber auch im kirchlichen Institutionsgefüge verankerten – Fokus. Dieser Heterogenität entsprechend werden den sonstigen primären Netzwerkbereichen und den hierin enthaltenen sozialen Beziehungen von den Befragten unterschiedliche Bedeutsamkeiten und Unterstützungspotentiale zugeschrieben.

Die Nachbarn werden zwar als wichtig charakterisiert, tiefere persönliche Kontakte bzw. eine größere Nähe zu diesen besteht aber nicht (M = 5,5 Ring). Die für die Befragten relevanten Nachbarn waren dabei sowohl russlanddeutsche (Spät-) Aussiedler als auch ‚einheimische Deutsche'. Trotz der den Nachbarn zugesprochenen geringen Nähe werden im Bereich Nachbarschaft soziale Unterstützungsleistungen realisiert und teilweise auch erwartet. Diese betreffen die Weitergabe von systemrelevantem Wissen – wie bspw. über das Gesundheitssystem – oder kleinere Dienstleistungen wie Haustier- und Gartenpflege im Falle eigener Abwesenheit oder aber auch den Austausch über Alltagsangelegenheiten.

Der Bereich des Bürgerschaftlichen Engagements wird ebenfalls als wichtig charakterisiert, wobei auch hier eine eher geringere persönliche Nähe zu den hierin enthaltenen Personen besteht (M = 3,7 Ring). Dem entspricht, dass Tätigkeiten im Bereich des Bürgerschaftlichen Engagements von den Befragten vor allem als Abwechslung zum Alltag bzw. als persönlicher Ausgleich und weniger als mit konkreten Personen verbunden angesehen werden. Dementsprechend bezieht sich soziale Unterstützung hier vor allem auf Geselligkeitsunterstützung im Sinne eines Freizeitausgleiches sowie auf Alltagsinteraktion. Soziale Unterstützungshandlungen – wie beispielsweise Beratung oder konkrete Handlungen – werden im Bereich des Bürgerschaftlichen Engagements nicht erwartet und nicht eingefordert und realisieren sich in diesem Bereich allenfalls in kleineren Dienstleistungen, welche sich wiederum direkt auf diesen Bereich beziehen, oder auf Informationsweitergabe. Dementsprechend gab lediglich einer der Befragten an, dass er zu Personen im Bürgerschaftlichen Engagement auch soziale Beziehungen im Sinne einer Freundschaft pflege. Die diesem Netzwerksektor zugeordneten Personen sind in einem ausgeglichenen Verhältnis sowohl russlanddeutsche (Spät-) Aussiedler als auch ‚einheimische Deutsche'.

Den im Freizeitbereich enthaltenen Personen bzw. Personengruppen wurde eine eher geringere Nähe (M = 3,7 Ring) zugesprochen. Die genannten Personen bzw. Personengruppen waren ausschließlich russlanddeutsche (Spät-) Aussiedler. Die soziale Unterstützung im Freizeitbereich bezieht sich vor allem auf Geselligkeitsunterstützung im Sinne eines Freizeitausgleiches sowie auf Alltagsinteraktionen, am Rande werden aber auch Ratschläge erteilt.

Als ein weiterhin wichtiger und im mikrosozialen Netzwerkbereich zu verortender Bereich wurde der Sektor Kirche angegeben. Dabei wurden Kirche und der damit verbundene Glaube als sehr persönlich, aber auch als mit konkreten Personen verbunden bezeichnet. Die genannten Personen im Sektor Kirche (M = 4,2 Ring) wiesen dabei eine eher geringe Nähe auf. Aussagen zu tatsächlich geleisteter sozialer Unterstützung innerhalb des Netzwerkbereiches Kirche wurden dabei von keinem der Befragten getroffen. Soziale Unterstützung dürfte in diesem Sektor vor allem im Sinne der Vermittlung von Orientierung und Geborgenheit bestehen, wobei der Glaube als individueller Schutzfaktor bewertet werden könnte.

Zusammenfassend kann festgehalten werden, dass die sonstigen primären Netzwerkbereiche für die jeweiligen Befragten welche diese benannten zwar durchaus wichtig sind, insgesamt aber eine größere Distanz bzw. eher geringe Nähe zu den hierin enthaltenen Personen besteht. Dies drückt sich auch durch eine eher geringe Kontakthäufigkeit außerhalb des gemeinsamen Fokus des jeweiligen Bereiches aus. Insofern dürften zu Personen in diesen Netzwerkbereichen eher schwache Bindungen bestehen. Auffällig ist, dass im Freizeitbereich, in welchem größere Freiheitsgrade hinsichtlich der Wahl von sozialen Beziehungen bestehen als in den Bereichen Nachbarschaft und Kirche, ausschließlich russlanddeutsche (Spät-) Aussiedler genannt wurden. Die in den sonstigen primären Netzwerkbereichen realisierte soziale Unterstützung bezieht sich vornehmlich auf den Verhaltensaspekt sozialer Beziehungen. So wird hier in einem eher geringen Umfang soziale Unterstützung im Sinne der Informationsvermittlung sowie im Sinne von Arbeitshilfen und Beratung erbracht. Als zentraler Aspekt der sozialen Unterstützung in den sonstigen primären Netzwerkbereichen können vor allem Alltagsinteraktion und Geselligkeit genannt werden. Anzumerken ist dabei, dass soziale Unterstützung im Sinne des kognitiven und des emotionalen Aspektes sozialer Beziehungen über die Vermittlung von Orientierung und Geborgenheit ausschließlich im kirchlichen Bereich zu erwarten sein dürfte. Die Gesamtheit des in den sonstigen primären Netzwerkbereichen enthaltenen bzw. genutzten Ressourcenspektrums und damit das realisierte Vermögen an Sozialkapital sind als eher gering einzuschätzen. Die Umsetzung des hier vorhandenen Sozialkapitals in konkrete soziale Unterstützung vollzieht sich dabei über Alltagsinteraktion und Geselligkeit im Sinne eines Freizeitausgleiches aber auch über Arbeitshilfen im Muße- und Regenerationsspielraum sowie im Kontakt- und Kooperationsspielraum des Lebenslagenansatzes.

6.4.4. *Sekundärer Netzwerkbereich: Kollegen*

Bei sozialen Beziehungen zu Kollegen handelt es sich um soziale Beziehungen, welche im Rahmen der Erwerbsarbeit sowie im Bildungssektor innerhalb von Bürokratien und Organisationen des Produktions- und Reproduktionssektors ihren gemeinsamen Fokus ausbilden und dort realisiert werden. Insofern ist der Sektor Kollegen den sekundären bzw. makrosozialen Netzwerkbereichen zuzuordnen.

Die von den Befragten genannten aktuellen Kollegen waren nahezu ausschließlich ‚einheimische Deutsche'. Von Seiten der Befragten wurde den Kollegen eine hohe Wichtigkeit zugesprochen, welche dadurch begründet wurde, dass aufgrund des hohen Zeitanteils, welcher mit diesen verbracht wird, hier ein vertrauensbasiertes, gutes Verhältnis notwendig ist.

> „Und die Arbeitskollegen sind sehr, sehr wichtig, weil die meiste Zeit, den größten Teil bist du ja bei der Arbeit. Und da für mich ist es sehr, sehr wichtig, . . dass die Arbeitskollegen, das Arbeitskollektiv wirklich passt" (E).

> „Also das sind Menschen, mit denen man tagtäglich zu tun hat, denen man vertrauen muss und denen man auch vertraut. Aber man hofft, dass sie einem genauso viel Vertrauen entgegenbringen" (G).

Trotz der hohen Wichtigkeit, welche diesem Netzwerksektor zugesprochen wird, besteht zu den aktuellen Kollegen (M = 4,0 Ring) durchschnittlich eine eher geringe Nähe. Dabei werden die sozialen Beziehungen zu den Kollegen auf der einen Seite als eher distanziert und weniger persönlich gekennzeichnet.

> „[…] und Kollegen bleiben natürlich Kollegen, die jetzt unmittelbar, man wird mit denen vielleicht nicht so persönlich wie mit Freunden, aber man bewahrt halt eine gewisse Distanz. Aber das ist glaube ich ganz natürlich, also irgendwo muss ja ein Unterschied sein zwischen Freunden und Kollegen" (C).

Andererseits werden sich im Rahmen des Arbeitskontextes ergebende Möglichkeiten zum persönlichen privaten Austausch oder aber auch zur Alltagsinteraktion oder Geselligkeitsunterstützungen durchaus genutzt.

> „[...] über die Zeit ist auch eine ganz andere Beziehung entstanden. [...] Ja, die ist glaube ich schon auch freundschaftlich, das heißt, dass wir uns auch über private Sachen austauschen. Also nicht nur über die Arbeit, sondern manchmal wird das recht privat auch. Wobei wir uns außerhalb der Arbeit nicht treffen und auch nicht mit Absicht begegnen, sagen wir mal so" (G).

Diesem Anknüpfungspunkt für die Entwicklung über eigentliche Arbeitsbeziehungen hinausgehender privater persönlicher sozialer Beziehungen entsprechend, wurden Personen aus dem Sektor Kollegen teilweise auch dem Netzwerkbereich Freunde zugeordnet. Im Arbeitskontext wurden folglich teilweise die Möglichkeiten des privaten Austausches in den weiteren Alltag übertragen, im Rahmen von Optionsentscheidungen also persönliche Freundschaften generiert.

Neben den bereits angeklungenen Aspekten der sozialen Unterstützung im Rahmen von Alltagsinteraktion und Geselligkeit werden im Netzwerkbereich Kollegen auch weitere Unterstützungsleistungen – im Sinne des Verhaltensaspekts sozialer Beziehungen – erbracht. Hierbei ist vor allem die Beratung hinsichtlich verschiedener im Arbeitskontext, aber auch in anderen Lebensbereichen auftretender Themen und Fragestellungen zu nennen. Lediglich eine Befragte gab an, dass sie sich im Falle von Unterstützungsbedarfen auf keinen Fall an Kollegen wenden würde.

Zusammenfassend kann festgehalten werden, dass großer Wert auf ein vertrauensbasiertes positives Arbeitsverhältnis zu den Kollegen gelegt wird. Die im Arbeitskontext existierenden sozialen Beziehungen sind dabei zum einen durch eine eher geringe Nähe gekennzeichnet und werden als distanziert und unpersönlich charakterisiert. Insofern sind hier eher schwache Bindungen zu erwarten. Zum anderen werden aber auch Möglichkeiten zum privaten Austausch im Sinne der Alltagsinteraktion und der Geselligkeit genutzt, wodurch eine Durchlässigkeit des Netzwerksektors Kollegen entsteht, nach der im Arbeitskontext im Rahmen von Optionsentscheidungen auch Freundschaften und starke Bindungen entstehen können. Neben der Alltagsinteraktion und der Geselligkeitsunterstützung wird der Netzwerkbereich Kollegen kaum für soziale Unterstützung genutzt, weshalb hier ein eher geringes Vermögen an Sozialkapital bestehen dürfte. Wenn soziale Unterstützung in diesem Bereich realisiert wird, bezieht sich diese vornehmlich auf Beratung hinsichtlich von Fragestellungen innerhalb des Arbeitskontextes. Insofern vollzieht sich soziale Unterstützung im Netzwerksektor Kollegen vor allem über Beratung im Versorgungs- und Einkommensspielraum des Lebenslagenansatzes sowie über Geselligkeit und Alltagsinteraktion im Muße- und Regenerationsspielraum.

6.4.5. *Tertiärer Netzwerkbereich: Soziale Organisationen*

Zusätzlich zu primären und sekundären Netzwerkbereichen wurde auch ein tertiärer Netzwerkbereich genannt, in welchem verschiedene soziale Organisationen – wie beispielsweise das Jugendamt oder eine Aussiedlerberatungsstelle – bzw. im sozialen Bereich tätige Personen verortet wurden. Diese werden dabei als Experten für spezielle Notlagen bzw. Unterstützungsfälle, aber auch als Letztinstanz für potentielle Fälle angesehen, in denen aus den sonstigen Netzwerkbereichen keine soziale Unterstützung generiert werden kann. Gründe, aus denen sich bisher an soziale Einrichtungen gewendet und durch diese dementsprechende soziale Unterstützung erbracht wurde, waren in den Bereichen Arbeiten und Wohnen zu finden, betrafen (spät-) aussiedlerspezifische oder kindbezogene Fragestellungen sowie gesundheitliche Aspekte und die Suche nach Kontaktmöglichkeiten.

7. Ausblick

Ansatzpunkt der vorliegenden Arbeit war die Kritik an der bisher weitestgehend defizitorientierten wissenschaftlichen Auseinandersetzung mit russlanddeutschen (Spät-) Aussiedlern sowie die hieraus resultierende Forderung, den wissenschaftlichen Blickwinkel für zielgruppeninhärente Ressourcen zu weiten, welche zur lösungsorientierten Bearbeitung vorhandener Problemlagen innerhalb der Zielgruppe beitragen können. Da in der wissenschaftlichen Diskussion postuliert wird, dass persönliche soziale Netzwerke russlanddeutscher (Spät-) Aussiedler eine wichtige Ressourcenquelle darstellen können, wurde hierbei auf persönliche soziale Netzwerke und die hierin gespeicherten Potentiale sozialer Unterstützung fokussiert. Dementsprechend war es konkretes Anliegen, in einem ersten Schritt über eine explorative Studie Wissen über Inhalte und Struktur der persönlichen sozialen Netzwerke russlanddeutscher (Spät-) Aussiedler sowie über die hierin enthaltenen Ressourcen und Unterstützungspotentiale zu gewinnen. Nachdem im Folgenden die in Kapitel sechs dargestellten netzwerk- und unterstützungsbezogenen Ergebnisse der empirischen Untersuchung verdichtet werden (Kapitel 7.1.), werden diese Ergebnisse in einem zweiten Schritt aus der in Kapitel zwei grundgelegten sozialarbeitstheoretischen Perspektive heraus analysiert und Reflexionspunkte sowie Implikationen für die Soziale Arbeit abgeleitet (Kapitel 7.2.). Diese Arbeit abschließend wird in einem dritten Schritt die Vorgehensweise der Datenerhebung einer kritischen Würdigung unterzogen sowie ein Ausblick auf Anknüpfungspunkte für weitere bzw. an diese Arbeit anknüpfende Forschungsvorhaben gegeben (Kapitel 7.3.).

7.1. Verdichtung der Ergebnisse

Die Aussiedlung russlanddeutscher (Spät-) Aussiedler erfolgt häufig im Rahmen einer Kettenmigration im Kernfamilienverband, wobei dieser von weiteren Familienmitgliedern und Verwandten ergänzt werden kann. Meist sind bei der Ankunft in der BRD bereits weitere dem Familien- und Verwandtschaftskontext zuzuordnende Personen bekannt. Dementsprechend können die ‚Erstnetzwerke' in der BRD als ethnische und familiäre Netzwerke bezeichnet werden. Um die in der weiteren Entwicklung entstandene und heute aktuelle Netzwerkzusammensetzung tendenziell darzustellen, wurde aus der Überlagerung der im Rahmen der Datenerhebung gewonnenen Netzwerkkarten das in untenstehender Abbildung festgehaltene Modellnetzwerk russlanddeutscher (Spät-) Aussiedler entwickelt.

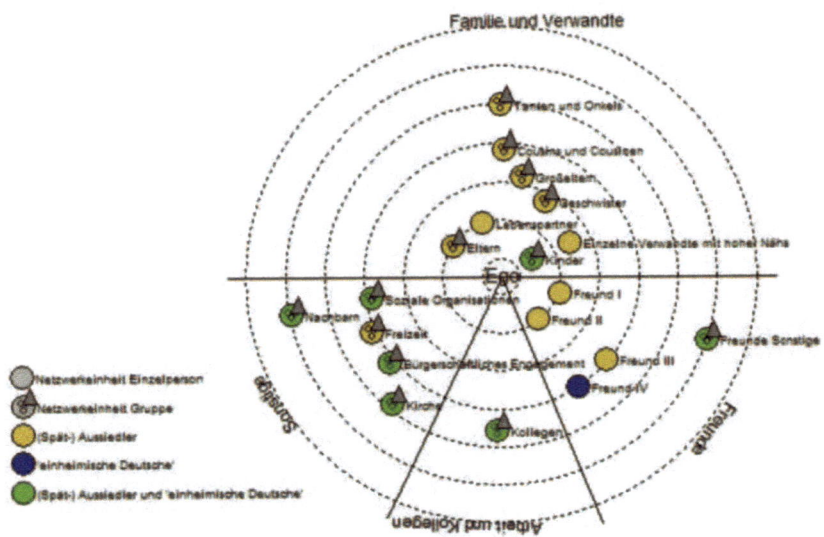

Abbildung Nr. 2: Modellnetzwerk russlanddeutscher (Spät-) Aussiedler

Wie aus der obenstehenden Abbildung deutlich wird, wird dem Netzwerksektor Familie die höchste Priorität zugeordnet. Dementsprechend wurde die Familie als zentraler Lebensinhalt und sinngebende Instanz bezeichnet, welche sich durch eine hohe emotionale Nähe, Vertrauen, Liebe und Geborgenheit auszeichnet. Als zentrale Bezugspersonen in diesem Bereich können die Mitglieder der Kernfamilie bzw. die jeweiligen Haushaltsangehörigen bezeichnet werden. So bestehen hier durch eine hohe emotionale Intensität, eine hohe Kontakthäufigkeit und eine große Nähe gekennzeichnete starke Bindungen, welche sich – wie sich später zeigen wird – durch ein enormes Potential an sozialer Unterstützung auszeichnen. Werden die weiteren Familienangehörigen bzw. Verwandten in die Betrachtung mit einbezogen, lässt sich festhalten, dass keine generelle Verbindung zwischen dem Verwandtschaftsgrad und der Nähe zu den jeweiligen Personen bzw. zu der Stärke der jeweiligen Bindungen besteht. Tendenziell ist jedoch zu beobachten, dass die den Verwandten zugesprochene Nähe parallel zum Verwandtschaftsgrad sowie der Altershomogenität ab- bzw. zunimmt. Unabhängig von der Stärke der jeweiligen Bindungen ist jedoch das durchgängige Bestreben festzustellen, einen regen Austausch mit allen Familienangehörigen aufrechtzuerhalten.

Neben dem Netzwerksektor Familie genießt auch der Netzwerkbereich Freunde eine hohe Priorität bei russlanddeutschen (Spät-) Aussiedlern. Zu Freunden bestehen dabei eine enge Verbundenheit und eine hohe emotionale Intensität, welche derjenigen, wie sie im Familienkontext vorzufinden sind, ähnlich sein können und sich durch Rückhalt und Verständnis auszeichnen. Bemerkenswert hierbei ist, dass Freunde hinsichtlich der Erörterung von intimen persönlichen Themen situativ der Familie vorgezogen werden, wenn hier ein höheres Verständnis erwartet wird. Für die Entstehung von Freundschaften wird Beständigkeit über die Zeit hinweg im Sinne einer geteilten Geschichte als zentral angesehen. Im Netzwerksektor Freunde bestehen generell eher starke Bindungen, welche sich durch eine hohe bis mittlere Nähe auszeichnen. Im Zusammenhang mit der Zusammensetzung des Netzwerkbereiches Freunde ist es bemerkenswert, dass die Freundschaftswahlen nahezu ausschließlich auf gleichgeschlechtliche Personen fallen, welche ebenfalls russlanddeutsche (Spät-) Aussiedler sind; der Netzwerkbereich Freunde dementsprechend vorwiegend aus russlanddeutschen (Spät-) Aussiedlern besteht.

Die weiteren genannten Netzwerkbereiche – die sonstigen primären Netzwerkbereiche sowie der sekundäre Netzwerkbereich soziale Organisationen und der tertiäre Netzwerksektor Kollegen – wurden zwar durchgehend als wichtig charakterisiert, mit wenigen Ausnahmen liegen zu den hier enthaltenen Personen jedoch keine stärkeren Bindungen vor, wie sie in den Netzwerkbereichen Familie und Freunde zu finden sind.

Werden die Netzwerkbereiche Freunde, Freizeit und Bürgerschaftliches Engagement betrachtet, in welchen die größten Freiheitsgrade bezüglich Beziehungswahlen bestehen, ist es bemerkenswert, dass Beziehungswahlen vorwiegend auf russlanddeutsche (Spät-) Aussiedler fallen. Insofern kann insgesamt eine hohe Präferenz dahingehend angenommen werden, soziale Beziehungen und somit auch persönliche soziale Netzwerke innerhalb der eigenen ethnischen Gruppe zu realisieren. Resümierend können Familie und Freunde sowie soziale Beziehungen zu russlanddeutschen (Spät-) Aussiedlern als zentrale Elemente persönlicher sozialer Netzwerke russlanddeutscher (Spät-) Aussiedler gekennzeichnet werden.

Als ein zentrales Ergebnis vorliegender Studie lässt sich festhalten, dass russlanddeutsche (Spät-) Aussiedler eine Selbsthilfemotivation aufweisen, nach der das Bestreben besteht, eigene Probleme auch selbst zu lösen und erst dann auf Unterstützungspotentiale persönlicher sozialer Netzwerke zurückzugreifen, wenn dies unbedingt erforderlich ist. Hierzu flankierend besteht jedoch auch die unbedingte Überzeugung, im Bedarfsfall soziale Unterstützungsleistungen aus dem eigenen Netzwerk zu erhalten. Russlanddeutsche (Spät-) Aussiedler gehen also von einem hohen Vermögen an Sozialkapital aus. Im Folgenden wird dargestellt, in welchen Unterstützungsformen dieses Vermögen vorhanden ist und in welchen Netzwerkbereichen dasselbe realisiert wird.

	Familie	Freunde	Kollegen	Sonstige
Verhaltensaspekt				
- Arbeitshilfen	ja	ja	-	ja
- Pflege	ja	ja	-	-
- materiell	ja	ja	-	-
- Information	ja	ja	-	ja
- Beratung	ja	ja	ja	ja
- Geselligkeit	ja	ja	ja	ja
- Alltagsinteraktion	ja	ja	ja	ja
Kognitiver Aspekt				
- Anerkennung/Wertschätzung	ja	ja	-	-
- Orientierung/Zugehörigkeit	ja	ja	-	(ja - Kirche)
- Erwartbarkeit von Hilfe	ja	ja	-	-
Emotionaler Aspekt				
- Geborgenheit	ja	-	-	(ja - Kirche)
- Liebe und Zuneigung	ja	-	-	-

Tabelle Nr. 7: Art der erbrachten sozialen Unterstützung nach Netzwerksektoren

Analog zu der hohen Priorität, welche die Netzwerksektoren Freunde und Familie für russlanddeutsche (Spät-) Aussiedler haben, ist hier auch das höchste Vermögen an Sozialkapital bzw. der Ressourcenmobilisierung im Sinne sozialer Unterstützung vorhanden. Die Familie leistet dabei soziale Unterstützung im Sinne aller Bereiche des emotionalen aber auch kognitiven Aspektes sozialer Unterstützung. Diese soziale Unterstützung wird dabei innerhalb der Familie über ihre Funktion als sinngebende Instanz und die hierdurch bedingte Orientierung auf die Familie geleistet, ist aber auch durch das umfassende Vertrauen darauf geprägt, in konkreten Not- bzw. Krisensituationen aber auch im Alltag soziale Unterstützung zu erhalten, womit auf soziale Unterstützung im Sinne des Verhaltensaspekts sozialer Beziehungen verwiesen wird. Dabei wird innerhalb der Familie jegliche Form der sozialen Unterstützung im Sinne des Verhaltensaspektes geleistet. Dementsprechende Unterstützungsleistungen werden dabei vor allem innerhalb der Kernfamilie bzw. deren näherem Umfeld – also im Kontext von starken Bindungen – realisiert. Im Bedarfsfall wird jedoch auf Unterstützungsleistungen weiter entfernter Familienangehöriger und Verwandter zurückgegriffen, bzw. deren Unterstützung auch dann antizipiert, wenn zu diesen eher schwache Bindungen bestehen.

Ob im Netzwerkbereich Freunde soziale Unterstützung im Sinne des emotionalen Aspektes sozialer Beziehungen realisiert wird, kann durch die vorliegenden Ergebnisse nicht verneint aber auch nicht bestätigt werden. Da der sich hiermit überschneidende Bereich des kognitiven Aspektes über die gemeinsame historische Zugehörigkeit, ein umfassendes gegenseitiges Verständnis und die Erwartbarkeit von Hilfe durch den Netzwerkbereich Freunde umfassend bedient wird, dürfte jedoch auch hier von sozialer Unterstützung im Sinne des emotionalen Aspektes sozialer Beziehungen ausgegangen werden. Die verschiedenen Formen sozialer Unterstützung im Sinne des Verhaltensaspektes werden im Netzwerkbereich Freunde umfassend im Rahmen von tendenziell eher starken Bindungen realisiert, wobei keine Scheu besteht, diese sozialen Unterstützungspotentiale im Bedarfsfall tatsächlich zu nutzen.

Im Gegensatz zu den primären Netzwerksektoren Freunde und Familie werden in den sonstigen primären Netzwerkbereichen – in denen tendenziell eher schwache Bindungen bestehen – eher keine sozialen Unterstützungsleistungen realisiert. So können aus den vorliegenden Ergebnissen Anhaltspunkte für den emotionalen und kognitiven Aspekt lediglich im Bereich Kirche gefunden werden. Soziale Unterstützung im Sinne des Verhaltensaspekts sozialer Beziehung wird zwar erbracht, bezieht sich dabei aber vor allem auf die Formen der Geselligkeit und der Alltagsinteraktion. Pflege und materielle Unterstützung werden dabei überhaupt nicht geleistet bzw. nicht nachgefragt. Das geringste Vermögen an Sozialkapital im Sinne der Realisierung sozialer Unterstützung wird im tertiären Netzwerkbereich Kollegen erbracht. So werden hier lediglich Unterstützungsleistungen im Sinne der Geselligkeit und der Alltagsinteraktion sowie in selteneren Fällen im Sinne der Beratung erbracht, wobei sich diese nahezu ausschließlich auf für den Arbeitskontext relevante Themenstellungen bezieht.

Trotz der geringen sozialen Unterstützung bzw. der geringen Nutzung potentiell vorhandener sozialer Unterstützungspotentiale außerhalb der Netzwerksektoren Familie und Freunde, verfügen russlanddeutsche (Spät-) Aussiedler innerhalb ihrer persönlichen sozialen Netzwerke prinzipiell über ein enorm hohes Unterstützungspotential.

	Familie	Freunde	Kollegen	Sonstige
Versorgungs- und Einkommensspielraum	ja	ja	ja	-
Kontakt- und Kooperationsspielraum	ja	ja	-	ja
Lern- und Erfahrungsspielraum	ja	ja	-	-
Muße- und Regenerationsspielraum	ja	ja	ja	ja
Gesundheitlicher Spielraum	ja	ja	-	-

Tabelle Nr. 8: Erbrachte soziale Unterstützung in den Lebenslagenspielräumen nach Netzwerksektoren

Wird weiterhin untersucht, auf welche Spielräume des Lebenslagenansatzes sich die Potentiale sozialer Unterstützung beziehen, wird deutlich, dass die persönlichen sozialen Netzwerke russlanddeutscher (Spät-) Aussiedler für alle Lebenslagen Unterstützungspotentiale und Ressourcen aufweisen. Die in den wichtigsten Netzwerkbereichen Freunde und Familie verorteten Unterstützungspotentiale verweisen dabei auf alle Lebenslagen. Der Netzwerkbereich der Kollegen sowie die sonstigen primären Netzwerkbereiche hingegen weisen lediglich im Muße- und Regenerationsspielraum sowie bei den Kollegen im Versorgungs- und Einkommensspielraum und bei den sonstigen Netzwerkbereichen im Kontakt- und Kooperationsspielraum Unterstützungspotentiale auf.

Im Bereich der sozialen Einrichtungen, welcher prinzipiell Unterstützungspotentiale für jegliche Lebenslage bieten dürfte, wurde um soziale Unterstützung bisher lediglich im Versorgungs- und Einkommensspielraum, im Kontakt- und Kooperationsspielraum sowie im gesundheitlichen Spielraum nachgefragt. Dabei werden soziale Einrichtungen als Letztinstanz gesehen, wenn alle anderen Netzwerkbereiche nicht mehr greifen.

Insgesamt sind persönliche Netzwerke russlanddeutscher (Spät-) Aussiedler also vor allem entlang der Netzwerksektoren Familie und Freundschaft strukturiert, weisen in den Bereichen, in denen hohe Freiheitsgrade hinsichtlich der Beziehungswahlen bestehen, eine Affinität zu russlanddeutschen (Spät-) Aussiedlern auf, bieten eine breite Palette an Potentialen sozialer Unterstützung, welche sich sowohl in Krisen- als auch in Alltagssituationen auf alle Lebenslagenspielräume beziehen, wobei der Netzwerkkonstitution entsprechend vor allem in den Bereichen Familie und Freunde soziale Unterstützung geleistet bzw. gesucht wird.

7.2. Sozialarbeitsperspektivische Analyse und Implikationen

Werden die vorangestellten Ergebnisse betrachtet, so suggerieren diese, dass russlanddeutsche (Spät-) Aussiedler über intakte persönliche soziale Netzwerke verfügen, welche für jede Gelegenheit Ressourcen bzw. soziale Unterstützung bereithalten und Probleme innerhalb dieser Netzwerke gelöst werden. Dem folgend würden russlanddeutsche (Spät-) Aussiedler keine Angebote der Sozialen Arbeit benötigen. Bei genauerer Betrachtung wird jedoch deutlich, dass lediglich eine Präferenz hinsichtlich interner Problemlösungsstrategien besteht und durchaus verschiedenste Angebote der Sozialen Arbeit genutzt werden. So erfolgt das Hilfesuchverhalten in einem Dreischritt, nach dem zunächst versucht wird, Probleme ohne Einbezug Dritter zu lösen, im zweiten Schritt in den eigenen Netzwerken verortete Unterstützungspotentiale zu aktivieren und erst im dritten Schritt professionelle soziale Dienstleistungen zu nutzen. Insofern kann Soziale Arbeit als Letztinstanz der Ressourcenaquirierung angesehen werden. Festzuhalten ist, dass der Wille, Probleme selbst zu lösen, auf eine hohe Wertigkeit der Selbstverantwortung bei russlanddeutschen (Spät-) Aussiedlern hinweist, Soziale Arbeit also sensibel mit dem Selbstmanagement ihrer Adressaten umzugehen hat und verstärkt auf die Wahrung der Autonomie ihrer Adressaten achten muss. Über die hohe Unterstützungsbereitschaft gegenüber Angehörigen des eigenen persönlichen sozialen Netzwerkes drückt sich weiterhin aus, dass der – diesmal kollektiv gedachte – Wert der Selbsthilfe in den Netzwerken verankert ist und das Bestreben besteht, Probleme im eigenen sozialen Bezugsrahmen zu lösen. Vor diesem Hintergrund muss eine im Sinne des Kapitels 2.1. verstandene Soziale Arbeit, welche sich an den Lebensrealitäten ihrer Adressaten orientiert, als subsidiäre soziale Dienstleistung angesehen werden und als Letztinstanz schnell flexible Unterstützungsangebote bereitstellen, die darauf zielen, Selbstorganisation zu stärken, aktives Hilfesuchverhalten in den eigenen Netzwerken zu aktivieren und hierdurch zu einer lösungsorientierten Nutzung vorhandener Unterstützungspotentiale beizutragen. Zudem sind Angebote erforderlich, welche sich auf Bedarfe beziehen, die potentiell nicht in den persönlichen sozialen Netzwerken russlanddeutscher (Spät-) Aussiedler selbst befriedigt werden können.

Mit dem Wert der Selbstverantwortung sowie der selbstbezogenen Hilfe im persönlichen sozialen Netzwerk konnten bereits erste Hinweise auf zielgruppeninhärente Werte abgeleitet werden. Anzumerken ist jedoch, dass die vorliegende Studie keine Verallgemeinerungen von Wertdimensionen zu leisten vermag, sondern lediglich Anhaltspunkte für ethische Reflexionen bzw. Wertreflexionen, wie sie in Kapitel 2.2.1. gefordert wurden, für die Soziale Arbeit mit der Zielgruppe der russlanddeutschen (Spät-) Aussiedler bietet. Hinsichtlich weiterer Wertdimensionen können vor allem familienbezogene Werte bzw. die Familie selbst identifiziert werden. So wird die Familie als sinngebende Instanz und der unbedingte innerfamiliäre Zusammenhalt als Wert angesehen. Dies drückt sich bereits in familienbezogenen Aussiedlungsrealitäten wie bspw. der Ausreise im Familienverband, der Familienzusammenführung und der Kettenmigration aber auch der Aussiedlung in der Hoffnung auf besser Zukunftsoptionen für eigene Kinder aus. Weiterhin kann ein Hinweis auf den Wert der Familie sowie des Familienzusammenhaltes aus dem Wunsch nach örtlicher Nähe und der schnellen Erreichbarkeit der Familienmitglieder abgeleitet werden. Als weiterhin mit der Familie verbundene Werte können die unbedingte Bereitschaft, soziale Unterstützung zu leisten, und ein von Vertrauen und Reziprozität geprägtes Verhältnis benannt werden. Die vorgenannten Werte finden sich auch bei der Betrachtung von Freundschaftskonstruktionen wieder. Zusätzlich kann der eigenkulturelle bzw. eigenethnische Bezug genannt werden, welcher sich einerseits bereits durch das Ausreisemotiv, als Deutscher unter Deutschen leben zu wollen, ausdrückt, andererseits aber auch seine Entsprechung in der Fokussierung auf soziale Beziehungen zu ebenfalls russlanddeutschen (Spät-) Aussiedlern findet. Wird der Wunsch nach örtlicher Nähe zu Verwandten, Familienmitgliedern und Freunden ernst genommen und sollen die hier vorhandenen Ressourcen und Unterstützungspotentiale sinnvoll genutzt werden, legt dies nahe, Angebote und Hilfen der Sozialen Arbeit ambulant zu gestalten, in Wohnortnähe zu positionieren sowie auf stationäre Maßnahmen weitestgehend zu verzichten.

Den vorangegangenen Ausführungen entsprechend dürften Vorstellungen über ein ‚gelingendes Leben' – und dementsprechend die zentralen Anhaltspunkte für sozialarbeiterische Wertreflexionen bei der Arbeit mit russlanddeutschen (Spät-) Aussiedlern – vor allem in Verbindung zur Einbettung in die eigenethnische Gruppe und die (Groß-) Familie, also in kollektiv-traditionale Strukturen stehen, aber auch auf ein autonomes, selbstverantwortlich geführtes Leben zielen.

Diese Werte können als Ergebnis aber auch als Bedingungshintergrund russlanddeutscher Identität gewertet werden. So liegt die Vermutung nahe, dass der starke Bezug zur eigenethnischen Gruppe durch eine kollektive Identität bedingt ist, welche durch Marginalisierungserfahrungen in der ehemaligen Sowjetunion aber auch durch die geteilte Migrationsgeschichte geprägt wurde und noch heute über Narrationen und geteiltes Erleben auf die personale Identitätsentwicklung einwirkt. Für die Soziale Arbeit bedeutet dies, dass sie sich – wie in Kapitel 2.2.2. gefordert – positiv auf diese Bedingungen als Entwicklungskontext personaler Identität einstellt und im Rahmen der Fallarbeit bspw. mit Hilfe biographieorientierter Identitätsarbeit auf kollektiv verankerte Erfahrungen eingehen muss, um sich auf die Identitäten ihrer russlanddeutschen Adressaten einstellen zu können, in diesem Rahmen Marginalitäts- und Migrationserfahrungen analysiert und die hiermit verbundenen Bewältigungsleistungen hervorhebt. Auf einer überindividuellen Ebene könnte dies auch über Austauschangebote oder aber auch Informationsangebote geschehen. Werden hierbei auch ‚einheimische Deutsche' einbezogen, kann dies auch zu einem Verständnis für die Lebensrealität russlanddeutscher (Spät-) Aussiedler auf Seiten der ‚einheimischen Deutschen' beitragen.

Der in Kapitel 2.2.3. skizzierten ressourcenorientierten Grundhaltung folgend muss sich Soziale Arbeit an den Lebensrealitäten – und dadurch auch an den eben skizzierten Werthaltungen und identitätsstiftenden Faktoren – sowie an der Einbindung und Förderung von Ressourcen unter dem Blickwinkel der Anstiftung zu selbstbestimmer Lebensorganisation orientieren. Art und Verortung des in den persönlichen Netzwerken russlanddeutscher (Spät-) Aussiedler gespeicherten Vermögens an Sozialkapital wurden bereits ausführlich behandelt. Die identifizierten Unterstützungspotentiale waren dabei vor allem auf soziale Unterstützung im Alltag gerichtet. Im Weiteren wird der Frage nachgegangen, wie eine Soziale Arbeit, die an diese Potentiale anknüpft, umgesetzt werden könnte. Hierfür wird es notwendig, die Ergebnisse vor dem Hintergrund der in Kapitel 2.3. grundgelegten ökosozialen Theorie zu betrachten.

Dem ökosozialen Paradigma folgend steht die Person in ständiger Transaktion mit ihrer materiellen und sozialen Umwelt und verfolgt das Ziel, innerhalb der Nische selbstorganisiert zu haushalten, um eine positive Person:Umwelt-Abstimmung herbeizuführen. Hierfür ist es notwendig, dass die Person über Strategien und Verhaltensweisen verfügt, Ressourcen zu generieren sowie positiv auf die umgebende Umwelt einzuwirken und dass die materielle und soziale Umwelt ausreichend Ressourcen bereitstellen. Die soziale Umwelt der Zielgruppe und damit auch deren Nische und entsprechende Möglichkeiten der Selbstorganisation sind – den Ergebnissen vorliegender Studie folgend – durch eine starke Fokussierung auf die Familie, den vorwiegenden Bezug auf russlanddeutsche (Spät-) Aussiedler, durch eher starke Bindungen an dieselben sowie von durch russlanddeutsche (Spät-) Aussiedler geprägte Wohnquartiere gekennzeichnet. Schwache Bindungen, welche weitere Netzwerke und Ressourcen eröffnen würden, sind nur peripher vorhanden oder werden kaum in ihren Möglichkeiten genutzt. Wie in Kapitel 2.3. angemerkt, realisiert sich Selbstorganisation in der Lebenslage. Auf Basis der vorgestellten Ergebnisse kann von einer reichhaltigen – auf sozialen Beziehungen beruhenden – Ressourcenlandschaft bezüglich der in Kapitel 2.4. genannten Spielräume des Lebenslagenansatzes ausgegangen werden, wodurch den persönlichen sozialen Netzwerken russlanddeutscher (Spät-) Aussiedler attestiert werden kann, einen wichtigen Beitrag zu einer positiven Person:Umwelt-Abgestimmtheit im Sinne eines Anpassungsgleichgewichts zu leisten. Im Falle konkreter Not- bzw. Problemlagen könnte jedoch der bereits oben genannte Dreischritt des Hilfesuchverhaltens als dem Anpassungsgleichgewicht hinderlicher Faktor bewertet werden, wenn außerhalb der eigenen Person liegende Ressourcen oder Angebote der Sozialen Arbeit nicht oder zu spät genutzt werden. Hierdurch wird die Frage aufgeworfen, warum Angebote der Sozialen Arbeit nicht oder erst spät genutzt werden bzw. wie Zugänge zu der Zielgruppe geschaffen und Inanspruchnahmebarrieren abgebaut werden können.

Dass Dienste sozialer Einrichtungen von russlanddeutschen (Spät-) Aussiedlern erst in letzter Instanz hinzugezogen werden, könnte in mangelnden Kenntnissen über das Vorhandensein, die Möglichkeiten und Arbeitsweisen Sozialer Arbeit – also an mangelnder Information oder aber auch mangelndem Vertrauen – liegen und/oder durch generell fehlende Systemkenntnis begründet sein. Um Möglichkeiten und Angebote der Sozialen Arbeit – sowie die Ressourcen, die sie bereitstellt – zu verbreiten, müssen – im Rahmen von kontext- und arbeitsfeldbezogenen Konzepten der Öffentlichkeitsarbeit – Wege gefunden werden, Informationen zielgruppenadäquat und – aufgrund des eigenethnischen Bezuges der russlanddeutschen (Spät-) Aussiedler – kultursensibel aufzubereiten und zu streuen. Da sowohl innerhalb der Familien als auch innerhalb der Freundeskreise russlanddeutscher (Spät-) Aussiedler zu einem großen Anteil russisch gesprochen wird, liegt es nahe, sowohl Informationen über als auch zielgruppenbezogene Angebote selbst in russischer Sprache anzubieten und/oder gegebenenfalls auch Dolmetscher hinzuzuziehen. Weiterhin muss sich die Soziale Arbeit bei russlanddeutschen (Spät-) Aussiedlern anhand des Nachweises positiver Ergebnisse und somit ihrer Sinnhaftigkeit den Stellenwert einer alternativen Ressource und Vertrauenswürdigkeit erarbeiten. Die Distribution von diesbezüglichen Informationen könnte über soziale Einrichtungen selbst und über Kooperationen mit Bereichen erfolgen, welche Schnittstellen zu russlanddeutschen Netzwerken aufweisen, wie bspw. Kirche oder Bürgerschaftliches Engagement. Zusätzlich könnte es sich als sinnvoll erweisen, Kooperationen mit russlanddeutschen Heimat- oder Freizeitvereinen – also generell der russlanddeutschen Migrantenselbstorganisation – einzugehen. Weiterhin könnten auch bspw. russlanddeutsche Einzelhändler oder schwerpunktmäßig von russlanddeutschen (Spät-) Aussiedlern frequentierte Diskotheken als Multiplikatoren gewonnen werden. Für die Realisierung einer solchen Vernetzung erscheint es sinnvoll, Fachkräfte aus Migrationsdiensten oder Aussiedlerberatungsstellen als Vernetzer mit Systemkenntnissen aber auch Vertreter der russlanddeutschen (Spät-) Aussiedler hinzuzuziehen, welche über Reputation und positiven Einfluss innerhalb der Zielgruppe verfügen. Auch mangelndes Systemwissen und die Scheu vor Behörden und Institutionen – bspw. bei Älteren aufgrund der kognitiven Verankerung von erlittenen Repressionen – können als Inanspruchnahmebarrieren aufgefasst werden. Dies erfordert es, russlanddeutschen (Spät-) Aussiedlern bereits zum Zeitpunkt der Einreise in den Auffanglagern und Wohnheimen, aber auch später, relevantes Systemwissen und Vertrauen in das bundesdeutsche System und vorhandene Hilfsangebote zu vermitteln. Hierbei muss deutlich gemacht werden, welche Strukturen vorhanden sind, welche Möglichkeiten diese bieten und welche sie nicht bieten sowie welche Vorgehensweisen und Prozesse hiermit verbunden sind. Aufgrund der Bezogenheit auf die eigenethnische Gruppe sowie des Bestrebens, soziale Unterstützung innerhalb derselben zu suchen, liegt es nahe, solche Angebote durch russlanddeutsche (Spät-) Aussiedler selbst auf Basis von eigenen Erfahrungen durchzuführen.

Sind Zugänge zur Zielgruppe vorhanden, hat die Soziale Arbeit dem ökosozialen Paradigma folgend die Selbstorganisation ihrer Adressaten sowie die Empfänglichkeit der Umwelt für ihre Adressaten sowohl auf der Mikro- und Mesoebene als auch auf der Makroebene zu fördern.

Soziale Arbeit auf der Mikroebene bezieht sich vornehmlich auf Personen oder Familien, welche konkrete Hilfen brauchen und/oder wollen, also auf die direkte Fallarbeit. Da die dargestellten Ergebnisse nahe legen, dass bei russlanddeutschen (Spät-) Aussiedlern oftmals ausschließlich Familie, Verwandte und Freunde innerhalb starker Bindungen und enger sozialer Netzwerke Träger sozialer Unterstützung sind, sollte die soziale Netzwerkarbeit – wie sie in Kapitel 3.3. beschrieben wurde – als wesentlicher Bestandteil in die Fallarbeit mit russlanddeutschen (Spät-) Aussiedlern bspw. im Rahmen von Casemanagementprozessen einbezogen werden, um eine möglichst umfassende Ressourcenallokation zu gewährleisten. Um vorhandene persönliche soziale Netzwerke dabei nicht überzustrapazieren und soweit als möglich die private Autonomie der Zielgruppe zu wahren, sollte im Rahmen des Assessments zunächst geklärt werden, in welchem Ausmaß die soziale Unterstützung persönlicher sozialer Netzwerke für die jeweils spezifischen Anliegen eine Rolle spielt. Sollte sich dabei erweisen, dass diese ein bedeutsames Element darstellt, wird es notwendig, die vorhandenen aber auch die fehlenden Unterstützungsarten im Rahmen von Netzwerkanalysen zu identifizieren. Hierfür bietet sich ein an der Methodik der vorliegenden Arbeit orientiertes Vorgehen an, welches erlaubt, relevante Charakteristika der Bezugsnetzwerke, aus denen soziale Unterstützung generiert werden soll, zu bestimmen und Potentiale sozialer Unterstützung aber auch Unterstützungsdefizite sowie deren Hintergründe zu erhellen und hierdurch die Stoßrichtung der sozialarbeiterischen Intervention vorzugeben. Hierfür sind die jeweiligen Aussiedlungsrealitäten und die dementsprechenden Auswirkungen auf Lebenslagen und Netzwerkkonstitution zu beachten. Wichtige Faktoren hierbei stellen Einreisezeitpunkt und somit die Aufenthaltsdauer in der BRD sowie das Einreisealter und die hiermit verbundenen Entwicklungsaufgaben sowie die Form deren Bewältigung dar. Weitere Faktoren sind der kulturelle Hintergrund und somit auch der Grad der in der Sowjetunion erfolgten Akkulturation, der Sprachgebrauch oder aber auch das Vorhandensein von russlanddeutsch-russischen Mischehen oder die Aussiedlungsmotive. Aufgrund des hohen Stellenwerts der Familie und des Einflusses dieser auf soziale Unterstützung sowie der teilweise großen Anzahl an unterstützungsrelevanten Netzwerkpersonen sollten diese bei der Arbeit mit persönlichen sozialen Netzwerken russlanddeutscher (Spät-) Aussiedler bei Bedarf konsequent in die Fallarbeit einbezogen werden und Angebote der Sozialen Arbeit stets auch Elemente einer Geh-Struktur beinhalten. Wenn soziale Unterstützungspotentiale innerhalb der persönlichen sozialen Netzwerke aktiviert werden sollen, sollte – entsprechend des Hilfesuchverhaltens russlanddeutscher (Spät-) Aussiedler – hierfür zunächst auf die stärkeren Bindungen im engen Netzwerk fokussiert werden und nur falls notwendig in weiteren Schritten auf schwächere Bindungen verwiesen werden. Individuelle Fallbezüge können jedoch auch erforderlich machen, dass vor allem schwache Bindungen und hiermit verbundene Zugänge zu weiteren Netzwerken und entsprechenden Ressourcen erschlossen werden müssen, um weniger geschlossene Netzwerkbezüge zu generieren und Unterstützungslücken abzudecken. Da russlanddeutsche (Spät-) Aussiedler erst spät auf Unterstützungspotentiale Dritter zurückgreifen, erweist es sich im Kontext netzwerkbezogener Fallarbeit schließlich als sinnvoll, Inanspruchnahmebarrieren gegenüber sozialer Unterstützung aus dem eigenen Netzwerk zu identifizieren und ein zielführendes Hilfesuchverhalten zu entwickeln.

Das Ergebnis, dass die Selbsthilfe bzw. Selbstverantwortung bei russlanddeutschen (Spät-) Aussiedlern einen hohen Stellenwert einnimmt und versucht wird Unterstützungsbedarfe innerhalb der persönlichen sozialen Netzwerke und hier vor allem innerhalb des Netzwerksektors Familie zu befriedigen, legt nahe, die tatsächliche Erbringung von Unterstützungsleistungen innerhalb der Netzwerke zu belassen und den hierin enthaltenen Personen Kompetenzen zu vermitteln, welche für die jeweils spezifischen Unterstützungsbedarfe relevant sind. Denkbar wären hier bspw. Pflegeschulungen, in denen pflegenden Netzwerkpersonen notwendiges Know-how vermittelt und somit die Qualität der Pflege verbessert wird, die persönlichen sozialen Netzwerke im Weiteren jedoch unberührt und eine weitestgehende Autonomie der Adressaten gewahrt bleibt.

Soziale Arbeit auf der Mesoebene bezieht sich vor allem auf die Verbesserung der Lebenslagen im sozialen Nahraum und nimmt eine Sichtweise ein, nach der von Ressourcen in Gemeinwesen ausgegangen wird und Menschen sowie sonstige Akteure aktiviert, ermutigt und befähigt werden sollen, gemeinsame Probleme zu erkennen und deren Lösung selbsttätig und öffentlich anzugehen. Aufgrund des Befunds, dass russlanddeutsche (Spät-) Aussiedler die Wohnnähe zu anderen russlanddeutschen (Spät-) Aussiedlern sowie zur eigenen Familie suchen, sollte für Wohnquartiere mit einem hohen Anteil an russlanddeutschen (Spät-) Aussiedlern eine auf diese bezogene Gemeinwesenarbeit realisiert werden. Dabei sollte auch darauf geachtet werden, dass russlanddeutschen (Spät-) Aussiedlern eine gebündelte Ansiedlung ermöglicht wird, um eine leichtere Aktivierung der in den persönlichen sozialen Netzwerken gespeicherten Ressourcen zu ermöglichen. Da die Zielgruppe den Nachbarn eine hohe Wertigkeit beimisst und innerhalb von Nachbarschaftskontexten soziale Unterstützung erbracht wird, sollten nachbarschaftliche Netzwerke etabliert bzw. insofern bereits vorhanden gestärkt werden. Potentiale des Bürgerschaftlichen Engagements sowie von Freizeitnetzwerken wie bspw. Vereinen sollten genutzt werden, um Zugänge zu schaffen sowie Selbsthilfen innerhalb der Zielgruppe anzustoßen. So könnten bspw. Hausaufgaben- und Kinderbetreuung von russlanddeutschen (Spät-) Aussiedlern für russlanddeutsche (Spät-) Aussiedler oder Selbsthilfegruppen initiiert und insgesamt semi-professionelle Unterstützungsnetzwerke aufgebaut werden. Hierbei ist es notwendig, innerhalb der Zielgruppe vorhandene Kenntnisse und Kompetenzen zu kanalisieren und den angestrebten Maßnahmen und Zielen entsprechend zu bündeln. Dies flankierend, sollte die Netzwerkbildung unter sozialen Einrichtungen gefördert werden, welche in Kontakt zu russlanddeutschen (Spät-) Aussiedlern stehen, um – wie bereits weiter oben gefordert – schnelle und flexible Unterstützung zu gewährleisten, wenn Bedarfe nicht innerhalb der persönlichen sozialen Netzwerke befriedigt werden können. Diesbezüglich denkbar wäre auch die zentrale Bündelung von Angeboten der Sozialen Arbeit bspw. in Stadtteil- oder Familienzentren, welche gleichzeitig als Ort der Begegnung dienen könnten. Zudem könnten sich Begegnungs- und Austauschangebote innerhalb des Gemeinwesens als sinnvoll erweisen, um – im Sinne von Netzwerkerweiterungen – Kontakte zu anderen russlanddeutschen (Spät-) Aussiedlern aber auch zu ‚einheimischen Deutschen' herzustellen und somit eine gleichberechtigte Partizipation und ein gelungenes Miteinander im Gemeinwesen zu unterstützen. Dies könnte auch im Rahmen von gemeinsamen, zielgruppenunspezifischen Informationsveranstaltungen geschehen, die allgemeine Themengebiete wie bspw. die Gesundheitsversorgung im Alter oder schulische Belange berühren.

Auf der Makroebene ist vor allem der politische Auftrag der Sozialen Arbeit angesprochen. Dabei hat sie sich als Verfechterin von Chancengleichheit und somit echten Integrationschancen zu positionieren. Werden die Ergebnisse der vorliegenden Arbeit betrachtet, wird deutlich, dass vor allem mangelnde System- und Sprachkenntnisse sowie die Integration in den Arbeitsmarkt – unter besonderem Blick auf die bundesdeutsche Anerkennungspraxis von Bildungsabschlüssen – als Anfangsschwierigkeiten und somit erste Integrationshemmnisse hervorzuheben sind. Bezüglich mangelnder System- und Sprachkenntnisse sollte – wie bereits weiter oben angemerkt – auf eine konsequente Begleitung von russlanddeutschen (Spät-) Aussiedlern in der Anfangsphase gedrungen werden. Hinsichtlich der Integration in den Arbeitsmarkt und die Anerkennungspraxis von Bildungsabschlüssen muss sich Soziale Arbeit für statussichernde Alternativen der Anerkennungspraxis sowie für leichte Übergänge in Berufe einsetzen, welche der in der ehemaligen Sowjetunion ausgeübten beruflichen Tätigkeit ähnlich sind. Eine schnelle berufliche Eingliederung bedingt dabei nicht nur eine geringere Ausschüttung von Transferleistungen und die Existenzsicherung der neu eingereisten Familien russlanddeutscher (Spät-) Aussiedler sondern verhindert gleichzeitig auch die Verschüttung von nutzbringendem Know-how für den Wirtschaftsstandort Deutschland.

7.3. Methodenkritik und Forschungsausblick

Die im Rahmen der vorliegenden Studie angewandte Forschungsmethodik – die Datenerhebung über die teilstrukturierte problemzentrierte qualitative Befragung und über EGONET-QF sowie die Datenauswertung über die qualitative strukturierende Inhaltsanalyse – hat sich als grundsätzlich sinnvoll und gewinnbringend erwiesen. So konnten über EGONET-QF relevante Strukturdaten zu den persönlichen sozialen Netzwerken russlanddeutscher (Spät-) Aussiedler gewonnen werden. Die ‚Trägermethode' der problemzentrierten qualitativen Befragung erwies sich als geeignet, EGONET-QF einzubinden und gezielt Netzwerkhintergründe zu erheben sowie innerhalb der persönlichen sozialen Netzwerke vorhandene soziale Unterstützungspotentiale zu identifizieren. Verbunden mit dem begleitenden Fragebogen konnte so ein umfassendes Bild über die Ressourcenfunktion persönlicher sozialer Netzwerke russlanddeutscher (Spät-) Aussiedler gezeichnet werden. Mit der qualitativen strukturierenden Inhaltsanalyse wurde ein Auswertungsinstrument gewählt, welches nicht nur der Logik der Erhebungsinstrumente folgte, sondern sich auch dafür als geeignet erwies, aus den verschiedenen Elementen der Datenerhebung gewonnene Daten zusammenzuführen und in einem gemeinsamen Auswertungsschritt zu verarbeiten. Insofern wird das Forschungsdesign als insgesamt dem Gegenstand angemessen bewertet.

Trotz der grundsätzlich positiven Bewertung der Methodenwahl und des Forschungsvorgehens können einige Kritikpunkte angebracht werden, welche bereits Implikationen für die weitere Forschung über die in persönlichen sozialen Netzwerken russlanddeutscher (Spät-) Aussiedler vorhandenen Unterstützungspotentiale nahe legen.

Als erstes ist hierbei die Zusammensetzung der Stichprobe zu kritisieren. So wäre eine größere Heterogenität der Stichprobe wünschenswert gewesen, um eine höhere

Aussagekraft bzw. eine höhere Reichweite der Ergebnisse zu gewährleisten. In diesem Zusammenhang wäre es sinnvoll gewesen, ein ausgewogeneres Geschlechter- und Altersverhältnis zu sichern sowie eine breiter gestreute Verteilung der Stichprobe über verschiedene Bildungsniveaus hinweg anzustreben. Zusätzlich wäre es über eine größere Stichprobe zum einen möglich gewesen, die Ergebnisse generell anzureichern. Zum anderen hätte es eine größere Stichprobe ermöglicht, (Netzwerk-) Typisierungen vornehmen zu können sowie bspw. generationale Unterschiede hinsichtlich verschiedener Beziehungsstrukturen, Familienkonzeptionen oder aber auch hinsichtlich verschiedener Konzepte bezüglich der Inanspruchnahme sozialer Unterstützung herauszuarbeiten.

Weitere Kritikpunkte ergeben sich aus der Konzeption der Instrumente bzw. deren Umsetzung im Rahmen der Datenerhebung. Um ein umfassendes Wissen über die aktuellen persönlichen Netzwerke russlanddeutscher (Spät-) Aussiedler zu gewinnen, wäre es sinnvoll gewesen, verstärkt auf Aspekte der Netzwerkentwicklung seit der Einreise in die BRD zu fokussieren. Um eine erschöpfende Beschreibung der persönlichen sozialen Netzwerke zu gewährleisten, hätten zudem weitere Strukturmerkmale ins Auge gefasst werden müssen. Hiermit sind einerseits Strukturmerkmale wie das Vorhandensein von Netzwerkclustern bzw. Cliquen – also die sozialen Beziehungen zwischen den genannten Netzwerkpersonen – angesprochen. Andererseits hätte verstärkt auf relevante Grunddaten der Netzwerkpartner sowie auf das Zustandekommen und die Bedeutsamkeit der einzelnen sozialen Beziehungen eingegangen werden müssen, um die Homogenität bzw. Heterogenität der in den Netzwerken enthaltenen Personen zu erfassen sowie die generelle Bedeutsamkeit der einzelnen Netzwerksektoren untermauern zu können. Neben der Deskription der Netzwerke – also der Frage danach, wie die persönlichen sozialen Netzwerke russlanddeutscher (Spät-) Aussiedler gestaltet sind – wäre es auch sinnvoll gewesen, zu erfassen, warum diese die dargestellte Erscheinungsform haben, um Aspekte wie bspw. die weitgehende ethnische Homogenität nicht nur festzustellen, sondern auch begründen zu können. Wird die Erhebung unterstützungsrelevanter Aspekte betrachtet, so ist festzuhalten, dass die im Interviewleitfaden angelegte Offenheit zwar der Forschungslogik entsprach und dazu geeignet war, ein weites Feld an subjektiv erfahrener sozialer Unterstützung zu erfassen, das Bestreben nach einer tiefer gehenden Identifikation von Unterstützungspotentialen und in Netzwerken gespeicherter Ressourcen jedoch überlegen lässt, ob eine strukturiertere Erfassung sozialer Unterstützung entlang der Dimensionen sozialer Unterstützung und der Spielräume des Lebenslagenansatzes sich nicht auch als sinnvoll erwiesen hätte.

Im Weiteren stellt sich die Frage, wie im Rahmen weiterer Forschungsvorhaben an die Ergebnisse vorliegender Studie angeknüpft werden kann. Um eine umfassende Exploration über den vorliegenden Forschungsgegenstand zu gewährleisten, könnte sich in einem ersten Schritt eine angepasste Neuauflage der vorliegenden Studie als sinnvoll erweisen. Dabei sollten die eben angebrachten Kritikpunkte berücksichtigt und in die Wahl der Stichprobe sowie die Konzeption der Instrumente einbezogen werden. Ferner sollte in diesem Rahmen eine weitere Ausdifferenzierung des methodischen Vorgehens bzw. der Instrumente der Datenerhebung entlang der im Rahmen der vorliegenden Studie festgehaltenen Ergebnisse vorgenommen werden, um die bisher eher tendenziell festgehaltenen Ergebnisse zu überprüfen und relevante Aspekte detaillierter fassen zu können. In einem zweiten Schritt könnten die so generierten Ergebnisse unter zu Hilfenahme von Methoden der quantitativen Sozialforschung und hier im speziellen der quantitativen Netzwerkanalyse über eine breiter angelegte Stichprobe einer statistischen Analyse zugänglich gemacht und somit hinsichtlich ihrer Verallgemeinerbarkeit bzw. ihres Repräsentativitätsgehaltes überprüft werden. In diesem Zuge würde es sich ebenfalls als sinnvoll erweisen, eine Kontrollgruppe hinzuzuziehen, um herauszuarbeiten, welche Ergebnisanteile als Spezifika von persönlichen sozialen Netzwerken russlanddeutscher (Spät-) Aussiedler gekennzeichnet werden können.

Anlagen

Anlage 1 – Interviewleitfaden:

Warm-Up:

In unserem heutigen Gespräch soll es um Sie und um diejenigen Personen gehen, die Ihnen am wichtigsten sind und denen Sie sich am nächsten fühlen. Das können beispielsweise Familienmitglieder und Verwandte, Freunde, Nachbarn oder aber auch Arbeitskollegen und Mitglieder beispielsweise eines Sportvereins in dem Sie aktiv sind und so weiter sein. Bevor wir hierauf direkt eingehen, möchte ich allerdings mit Ihnen darüber sprechen, wie Sie bzw. Ihre Eltern nach Deutschland gekommen sind:

- … wie war das denn, als Sie damals nach Deutschland gekommen sind?
    - … WER war dabei?
    - … WARUM wurde nach Deutschland ausgesiedelt?
    - … WIE war die ANKUNFT, ANFANGSZEIT in Deutschland?
    - … WIE und WO wurde GEWOHNT
    - … WELCHE PERSONEN waren in der Anfangszeit wichtig?
    - … WELCHE PERSONEN waren bereits bekannt?
    - … UNTERSTUTZUNG beim Zurechtfinden in Deutschland?
    - … WEITERE ENTWICKLUNG?

Netzwerkvisualisierung und Netzwerkdeskription:

Einführung in die Netzwerkkarte:

Nun haben wir ja einig Zeit über Ihre *Einreisegeschichte und Personen, die dabei wichtig waren,* gesprochen. Im Folgenden geht es nun um Ihr Netzwerk, das heißt alle Personen, mit denen Sie derzeit in Beziehung stehen und die Ihnen in Ihrem Leben wichtig sind. Ich habe dazu eine Karte vorbereitet, in der um das ICH mehrere Kreise gezogen sind. Diese Karte sieht so aus: *Karte vorlegen.* Das ICH in der Mitte stellt Sie dar.

Sektorengenerierung und Sektorendeskription:

Stellen Sie sich jetzt vor, Ihr Netzwerk – also alle Personen, mit denen Sie in Beziehung stehen und die Ihnen wichtig sind – wäre auf dieser Karte *(Verweis auf Netzwerkkarte)* wie eine Torte in verschiedene Tortenstücke aufgeteilt. Tortenstücke konnten dabei beispielsweise die Bereiche Familie, Freunde oder Arbeitskollegen darstellen. Nun mochte ich Sie bitten, Ihre Tortenstücke bzw. Bereiche zu benennen. Dabei werde ich die von Ihnen genannten Tortenstücke bzw. Bereiche erst einmal mit beweglichen Markierungen stecken *(Markierungen und Stecknadeln zeigen)*. Sie können diese wahrend unseres Gesprächs dann jederzeit noch verändern.

 ☐ … wie viele und welche Tortenstücke bzw. Netzwerkbereiche gibt es bei Ihnen denn überhaupt?

 ☐ … und wie groß sollen denn die einzelnen Tortenstucke bzw. Netzwerkbereiche für Familie, Freunde usw. sein?

 → *Gemeinsame Erstellung der Sektoren*: Interviewpartner macht Angaben, Interviewer steckt die Sektoren. Die Sektoren werden jeweils mit dem entsprechenden Namen gekennzeichnet. Weiterhin jeweils Abfrage:

 ☐ … was bedeutet denn *genannte Gruppe* für Sie?

  ☐ … WAS IST *genannte Gruppe*, wenn Sie es beschreiben mussten?
  ☐ … was ist WICHTIG, wenn man *genannte Gruppe* ist?

Personengenerierung und Personendeskription:

Nun möchte ich Sie bitten, für jedes dieser Tortenstücke bzw. jeden Netzwerkbereich die Personen anzugeben, die Ihnen in dem jeweiligen Bereich wichtig sind. Also bspw. alle wichtigen Familienmitglieder, Freunde usw. Nennen Sie mir hierfür bitte jeweils die Personen. Ich werde deren Namen auf diese Kärtchen schreiben *(Kärtchen zeigen)*. Legen Sie bitte anschließend die Personen in die jeweiligen Tortenstücke bzw. Netzwerkbereiche.

  ☐ … wichtige Personen näher, weniger wichtige weiter entfernt
  ☐ … kommen Personen in mehreren Sektoren vor: Mehrfachvermerk

Zusätzlich möchte ich Sie bitten, die von Ihnen genannten Personen jeweils kurz zu beschreiben:

- ... WOHER ist *Person* bekannt?
- ... WIE LANGE ist *Person* bereits bekannt?
- ... KONTAKTHÄUFIGKEIT zu *Person*?
- ... POSITION: warum steht *Person* innen bzw. außen?

Wir werden dies nun für jedes Tortenstück machen. Fangen Sie doch bitte mit dem Tortenstück bzw. Netzwerkbereich *als erstes genannter Netzwerksektor* an.

Analyse der Unterstützungsleistungen und -bereiche:

Nun wurde ich Ihnen gerne einige Fragen zu Unterstützungsleistungen und Hilfestellungen, die Sie von Personen aus Ihrem Netzwerk erhalten oder aber auch die Sie anderen Personen gegeben haben stellen. Vielleicht wird das an einigen Stellen sehr persönlich. Deswegen möchte ich Ihnen noch einmal sagen, dass alles, was wir hier besprechen selbstverständlich komplett anonym bleibt.

- ... können Sie mir Situationen beschreiben, in denen hier (*Verweis auf Netzwerkkarte*) genannte Personen Ihnen bereits einmal eine Stutze oder Hilfe in einer Schwierigen Situation, einer Krise, oder aber auch im Alltag war?
  - ... was für eine SITUATION war das denn?
  - ... warum war das denn genau DIESE PERSON?
  - ... wie sah denn die HILFE / UNTERSTÜTZUNG aus?

- ... wenn Sie einmal Unterstützung brauchen, was erwarten Sie denn dann von den Personen, an die Sie sich wegen Unterstützung wenden bzw. die Sie unterstützen wollen?

- ... hin und wieder gibt es ja auch Situationen, in denen man niemand findet, der einem unter die Arme greift. Haben Sie so etwas schon einmal erlebt?
  - ... welche FÄLLE und SITUATIONEN?
  - ... WARUM?

Nun haben wir ja die ganze Zeit darüber gesprochen, wer Ihnen im Fall einer Notsituation oder auch im Alltag Hilfe und Unterstützung gewahren würde. Einmal andersherum gefragt:

- ... gibt es denn Personen, denen Sie einmal geholfen haben?
  - ... welche FÄLLE und SITUATIONEN?
  - ... ART der HILFE?
  - ... WARUM geholfen?

Nun habe ich keine weiteren Fragen mehr an Sie. Gibt es denn noch irgendetwas, dass Sie anmerken oder ergänzen möchten oder etwas dass Ihnen noch wichtig ist und bisher vergessen wurde?

Dann bedanke ich mich vielmals für das Gespräch, möchte Sie aber zum Abschluss noch um zwei Dinge bitten:

- ... bitte geben Sie – insofern Sie das wissen – zu den von Ihnen genannten Personen jeweils an, ob diese 'einheimische Deutsche', russlanddeutsche (Spät-) Aussiedler oder Migranten bzw. Ausländer sind. Ich werde die Personen dabei mit farbigen Markierungen (*mit Textmarkern*) markieren und so den entsprechenden Gruppen zuordnen (*Gemeinsames Anfertigen der Zuordnung*).

- ... abschließend möchte ich Sie bitten diesen Fragebogen auszufüllen. *(Vorlegen des Fragebogens)*

Ende des Interviews

Anlage 2 – Netzwerkkarte:

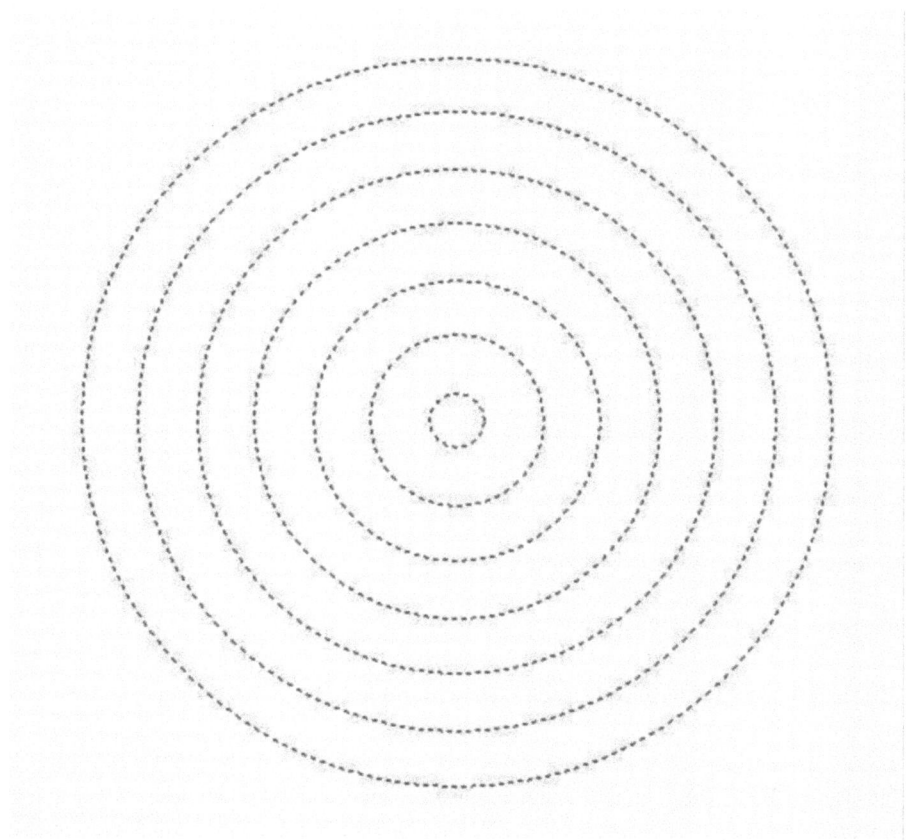

Anlage 3 – Kurzfragebogen:

Zum Abschluss des Interviews möchte ich Sie um einige Angaben und Daten zu Ihrer Person sowie zu den von Ihnen im Interview genannten Personen bitten. Ebenso wie die Inhalte des Interviews, werden diese Angaben und Daten anonymisiert und lediglich unter der jeweiligen Interviewnummer gespeichert. So können Ihre Angaben nicht auf Sie oder andere von Ihnen genannte Personen zurückgeführt werden. Sollten Sie zum Ausfüllen des Fragebogens Fragen haben, wenden Sie sich bitte an den Interviewer.

(1) **Ihr Geschlecht:** □ weiblich   □ männlich

(2) **Ihr Geburtsdatum:** _____

(3) **Ihre Konfession:** _____

(4) **Ihre Staatsangehörigkeit:** _____

(5) **Ihr Geburtsland:** _____

(6) **Staatsangehörigkeit Ihres Vaters:** _____

(7) **Geburtsland Ihres Vaters:** _____

(8) **Staatsangehörigkeit Ihrer Mutter:** _____

(9) **Geburtsland Ihrer Mutter:** _____

(10) **In welchem Jahr sind Sie nach Deutschland ausgesiedelt?** _____

Sollten Sie bereits in Deutschland geboren sein, geben Sie – falls bekannt – bitte das Einreisejahr Ihrer Eltern an und springen danach direkt zu Frage 12.

(11) **Mit wem sind Sie nach Deutschland ausgesiedelt?**

□ alleine   □ mit anderen Personen, und zwar _____

(12) **Nennen Sie bitte Ihre Aussiedlungsgründe bzw. die Gründe Ihrer Eltern?**
Mehrfachnennungen möglich.

□ bessere Zukunft für die Kinder □ Rückkehr in die Heimat
□ Familienzusammenführung □ als Deutsche unter Deutschen leben
□ wirtschaftliche Gründe □ politische Situation im Herkunftsland
□ sonstige Gründe _____

(13) **Kannten Sie oder Ihre Eltern als Sie nach Deutschland ausgesiedelt sind bereits Personen, die zu diesem Zeitpunkt in Deutschland lebten?**
□ nein   □ ja, und zwar _____

(14) **Ihr Familienstand:**   □ ledig   □ verheiratet   □ verwitwet
□ geschieden   □ in fester Beziehung lebend

(15) **Haben Sie Kinder?**   □ nein   □ ja, und zwar ___ (Anzahl)

(16) **Wie viele Personen leben mit Ihnen im selben Haushalt?** ___ (Anzahl)

Leben keine Personen mit Ihnen im selben Haushalt, springen Sie bitte zu Frage 18.

(17) **Um welche Personen handelt es sich dabei?** Mehrfachnennungen möglich

□ Eltern   □ Kinder   □ Enkel
□ LebenspartnerIn   □ Sonstige, und zwar_____

(18) **Ihr Wohnort:** _____

(19) **Wie viele Wohnortwechsel hatten Sie seit Ihrer Einreise nach Deutschland?**
___ (Anzahl)

(20) **Welche der folgenden Wohnformen trifft auf Sie zu? Sie wohnen in …**

□ Mietwohnung   □ Eigentumswohnung   □ Haus zur Miete
□ eigenes Haus   □ Haus der (Groß-) Eltern   □ Sonstiges, und zwar ___

(21) **Gibt es Menschen, die in Ihrem Wohnumfeld leben, die Sie bereits aus Ihrem Herkunftsland kennen?**

☐ nein ☐ ja, und zwar _____

(22) **Wie wichtig ist es Ihnen, dass Ihre Familie, Verwandte, Freunde und Bekannte in Wohnortnähe zu Ihnen wohnen?**

☐ sehr wichtig ☐ eher wichtig ☐ eher unwichtig ☐ unwichtig

(23) **Die meisten Ihrer Familienmitglieder, Verwandten, Freunden und Bekannten wohnen ...**

☐ in Ihrer Nähe ☐ eher in Ihrer Nähe
☐ eher nicht in Ihrer Nähe ☐ nicht in Ihrer Nähe

(24) **Welche der folgenden Gruppen sind in ihrem Wohnumfeld stark vertreten?**
Mehrfachnennungen möglich

☐ 'einheimische' Deutsche ☐ (Spät-) Aussiedler
☐ Ausländer und Migranten ☐ Andere, und zwar _____

(25) **Wie schätzen Sie die (soziale) Infrastruktur Ihres Wohnortes (also das Vorhandensein von sozialen Einrichtungen, Vereinen, Einkaufs- und Freizeitmöglichkeiten usw.) ein?**

☐ gut ☐ eher gut ☐ eher schlecht ☐ schlecht

(26) **Sind Sie in einem Verein, der Kirche oder sonstigen Organisationen aktiv?**

☐ nein ☐ ja, und zwar _____

(27) Zu welchen der folgenden sozialen Einrichtungen hatten Sie bereits Kontakt (nicht beruflich). Mehrfachnennungen möglich

☐ Agentur für Arbeit/Jobcenter   ☐ Sozialpsychiatrischer Dienst
☐ Aussiedlerberatungsstelle   ☐ Migrationsberatungstelle
☐ Jugendamt   ☐ Familien- oder Stadtteilzentren
☐ Erziehungsberatungsstelle   ☐ Einrichtungen zur Sprachförderung
☐ bisher kein Kontakt   ☐ andere, und zwar _____

(28) Bitte kreuzen Sie den höchsten – in Deutschland anerkannten – Bildungsabschluss an, den Sie haben – sollten Sie SchülerIn oder StudentIn sein, kreuzen Sie bitte die Schul- bzw. Hochschulform an.

☐ Hauptschule   ☐ Realschule   ☐ Gymnasium   ☐ kein Abschluss
☐ Fachhochschule   ☐ Universität   ☐ Sonstiges, und zwar _____

(29) Sind Sie Berufstätig?

☐ Nein   ☐ Ja, und zwar als _____

(30) Bitte geben sie Ihre im Herkunftsland ausgeübte berufliche Tätigkeit an.

Sind Sie bereits in Deutschland geboren, haben im Herkunftsland noch die Schule besucht oder waren nicht Berufstätig, geben Sie dies bitte an.

_____

(31) Welche Sprache sprechen sie vorwiegend mit Ihren Familienangehörigen?

☐ Deutsch   ☐ Russisch   ☐ Sonstige und zwar _____

(32) Welche Sprache sprechen sie vorwiegend mit Ihren Freunden?

☐ Deutsch   ☐ Russisch   ☐ Sonstige und zwar _____

Quellenverzeichnis

Aderhold, Jens (2004): Form und Funktion sozialer Netzwerke in Wirtschaft und Gesellschaft – Beziehungsgeflechte als Vermittler zwischen Erreichbarkeit und Zugänglichkeit. Wiesbaden: VS Verlag für Sozialwissenschaften.

Baaden, Andreas (1997): Aussiedler-Migration – Historische und aktuelle Entwicklungen. Berlin: Berlin Verlag.

Boos-Nünning, Ursula / Karakaşoğlu, Yasemin (2005): Viele Welten leben – Zur Lebenssituation von Mädchen und jungen Frauen mit Migrationshintergrund. Münster: Waxmann Verlag.

Bortz, Jürgen / Döring, Nicola (2002): Forschungsmethoden und Evaluation für Human- und Sozialwissenschaftler. Berlin: Springer-Verlag.

Bourdieu, Pierre (1983): Ökonomisches Kapital, kulturelles Kapital, soziales Kapital. In: Kreckel, Reinhard (Hrsg.): Soziale Ungleichheiten. Göttingen: Schwartz Verlag. S. 183 – 198.

Bullinger, Herrmann / Nowak, Jürgen (1998): Soziale Netzwerkarbeit – Eine Einführung. Freiburg i.B.: Lambertus Verlag.

Bundesamt für Migration und Flüchtlinge (2007): Migrationsbericht des Bundesamtes für Migration und Flüchtlinge. Berlin: Eigenverlag.

Bundesministerium des Inneren (2008): Migration und Integration – Aufenthaltsrecht, Migrations- und Integrationspolitik in Deutschland. Berlin: Eigenverlag.

Coleman, James S. (1988): Social Capital in the Creation of Human Capital. In: American Journal of Sociology. Jahrgang 94. Supplement. S. 95 – 120.

Czycholl, Dietmar (1998): Ohne Chance im gelobten Land – Rauschmittelprobleme bei Aussiedlern. In: Czycholl, Dietmar (Hrsg.): Sucht und Migration – Spezifische Probleme in der psychosozialen Versorgung suchtkranker und -gefährdeter Migranten. Geesthacht: Neuland-Verlag.

Dembon, Gerold / Hoffmeister, Dieter / Ingenhorst, Heinz (1994): Fremde Deutsche in deutscher Fremde – Integrationsprobleme von Aussiedlern im kommunalen Raum. Regensburg: S. Roderer Verlag.

Diaz-Bone, Rainer (1997): Ego-zentrierte Netzwerkanalyse und familiale Beziehungssysteme. Wiesbaden: Deutscher Universitätsverlag.

Diekmann, Andreas (2007): Dimensionen des Sozialkapitals. In: Franzen, Axel / Freitag, Markus (Hrsg.): Sozialkapital – Grundlagen und Anwendungen. Wiesbaden: VS Verlag für Sozialwissenschaften. S. 47 – 65.

Dietz, Barbara / Roll, Heike (1998): Jugendliche Aussiedler – Porträt einer Zuwanderergeneration. Frankfurt a.M.: Campus Verlag.

Engelke, Ernst (2002): Theorien der Sozialen Arbeit – Eine Einführung. Freiburg i.B.: Lambertus Verlag.

Erath, Peter (2006): Sozialarbeitswissenschaft – Eine Einführung. Stuttgart: Verlag W. Kohlhammer.

Franzen, Axel / Pointner, Sonja (2007): Sozialkapital: Konzeptualisierung und Messung. In: Franzen, Axel / Freitag, Markus (Hrsg.): Sozialkapital – Grundlagen und Anwendungen. Wiesbaden: VS Verlag für Sozialwissenschaften. S. 66 – 90.

Fuchs, Marek (1999): Alte und neue Umwelten – Die Wohnungssituation der Aussiedler. In: Silbereisen, Rainer K. / Lantermann, Ernst-Dieter / Schmitt-Rodermund, Eva (Hrsg.): Aussiedler in Deutschland - Akkulturation von Persönlichkeit und Verhalten. Opladen: Leske und Budrich. S. 91 – 104.

Fuchs, Marek / Schwietring, Thomas / Weiß, Johannes (1999): Entwicklung und Anpassung – Kulturelle Identität. In: Silbereisen, Rainer K. / Lantermann, Ernst-Dieter / Schmitt-Rodermund, Eva (Hrsg.): Aussiedler in Deutschland – Akkulturation von Persönlichkeit und Verhalten. Opladen: Leske und Budrich. S. 203 – 232.

Galuske, Michael (2005): Methoden der Sozialen Arbeit – Eine Einführung. Weinheim: Juventa Verlag.

Germain, Carel B. / Gitterman, Alex (1980): The life model of social work practice. New York: Columbia University Press.

Germain, Carel B. / Gitterman, Alex (1999): Praktische Sozialarbeit – Das 'Life Model' der Sozialen Arbeit – Fortschritte in Theorie und Praxis. Stuttgart: Ferdinand Enke Verlag.

Glatzer, Wolfgang / Hübinger, Werner (1990): Lebenslagen und Armut. In: Döring, Diether / Hanesch, Walter / Huster, Ernst-Ulrich (Hrsg.): Armut im Wohlstand. Frankfurt a.M.: Suhrkamp Verlag. S. 31 – 55.

Granovetter, Marc S. (1973): The Strength of Weak Ties. In: American Journal of Sociology. Jahrgang 78. Nr. 6. S. 1360 – 1380.

Graudenz, Ines / Römhild, Regina (1996): Grenzerfahrungen – Deutschstämmige Migranten aus Polen und der ehemaligen Sowjetunion im Vergleich. In: Graudenz, Ines / Römhild, Regina (Hrsg.): Forschungsfeld Aussiedler – Ansichten aus Deutschland. Frankfurt a.M.: Peter Lang – Europäischer Verlag der Wissenschaften. S. 29 – 67.

Hänze, Martin / Lantermann, Ernst-Dieter (1999): Alte und neue Umwelten – Familiäre, soziale und materielle Ressourcen bei Aussiedlern. In: Silbereisen, Rainer K. / Lantermann, Ernst-Dieter / Schmitt-Rodermund, Eva (Hrsg.): Aussiedler in Deutschland – Akkulturation von Persönlichkeit und Verhalten. Opladen: Leske und Budrich. S. 143-161.

Haug, Sonja (2000): Soziales Kapital und Kettenmigration – Italienische Migranten in Deutschland. Opladen: Leske und Budrich.

Haug, Sonja (2007): Soziales Kapital als Ressource im Kontext von Migration und Integration. In: Lüdicke, Jörg / Diewald, Martin (Hrsg.): Soziale Netzwerke und soziale Ungleichheit – Zur Rolle von Sozialkapital in modernen Gesellschaften. Wiesbaden: VS Verlag für Sozialwissenschaften. S. 85 – 111.

Haug, Sonja / Sauer, Lenore (2007): Zuwanderung und Integration von (Spät-) Aussiedlern – Ermittlung und Bewertung der Auswirkungen des Wohnortzuweisungsgesetzes. Nürnberg: Bundesamt für Migration und Flüchtlinge.

Heinze, Rolf G. / Olk, Thomas / Hilbert, Josef (1988): Der neue Sozialstaat – Analysen und Reformperspektiven. Freiburg i.B.: Lambertus Verlag.

Herriger, Norbert (2002a): Empowerment. In: Deutscher Verein für öffentliche und private Fürsorge (Hrsg.): Fachlexikon der sozialen Arbeit. Frankfurt a.M.: Eigenverlag. S.262 – 263.

Herriger, Norbert (2002b): Empowerment in der Sozialen Arbeit – Eine Einführung. Stuttgart: Verlag W. Kohlhammer.

Hillmann, Karl-Heinz (1994): Wörterbuch der Soziologie. Stuttgart: Alfred Kröner Verlag.

Höfer, Renate / Keupp, Heiner / Straus, Florian (2006): Prozesse sozialer Verortung in Szenen und Organisationen – Ein netzwerkorientierter Blick auf traditionale und reflexive Engagementformen. In: Hollstein, Betina / Straus, Florian (Hrsg.): Qualitative Netzwerkanalyse – Konzepte, Methoden, Anwendungen. Wiesbaden: VS Verlag für Sozialwissenschaften. S. 267 – 294.

Hollstein, Betina / Straus, Florian (Hrsg.) (2006): Qualitative Netzwerkanalyse – Konzepte, Methoden, Anwendungen. Wiesbaden: VS Verlag für Sozialwissenschaften.

Holzer, Boris (2006): Netzwerke. Bielefeld: transcript Verlag.

Ingenhorst, Heinz (1997): Die Russlanddeutschen – Aussiedler zwischen Tradition und Moderne. Frankfurt a.M.: Campus Verlag.

Janikowski, Andreas (1999): Berufliche Integration von Aussiedlern und Aussiedlerinnen – Eine empirische Analyse der Arbeitsbiographien. Hamburg: Verlag Dr. Kovač.

Jansen, Dorothea (2003): Einführung in die Netzwerkanalyse – Grundlagen, Methoden, Forschungsbeispiele. Opladen: Leske und Budrich.

Keupp, Heiner (1987): Soziale Netzwerke – Eine Metapher des gesellschaftlichen Umbruchs. In: Keupp, Heiner / Röhrle, Bernd (Hrsg.): Soziale Netzwerke. Frankfurt a.M.: Campus Verlag. S. 11 – 53.

Klug, Wolfgang (2003): Mit Konzept planen – effektiv helfen – Ökosoziales Case Management in der Gefährdetenhilfe. Freiburg i.B.: Lambertus Verlag.

Klus, Sebastian (2006): Zielgerichtete Integration im kommunalen Kontext – Anregungen für die Gemeinwesenarbeit mit SpätaussiedlerInnen auf Basis der Ergebnisse einer aktuellen Evaluationsstudie. In: Migration und Soziale Arbeit. Jahrgang 28. Nr. 2. S. 136 – 142.

Kriesi, Hanspeter (2007): Sozialkapital – Eine Einführung. In: Franzen, Axel / Freitag, Markus (Hrsg.): Sozialkapital – Grundlagen und Anwendungen. Wiesbaden: VS Verlag für Sozialwissenschaften. S. 23 – 46.

Lenk, Hans / Maring, Matthias (1996): Wirtschaftsethik – ein Widerspruch in sich selbst? In: Becker, Jörg / Bol, Georg / Christ, Thomas / Wallacher, Johannes (Hrsg.): Ethik in der Wirtschaft – Chancen verantwortlichen Handelns. Stuttgart: Verlag W. Kohlhammer. S. 1 – 22.

Liebsch, Katharina (2006): Identität und Habitus. In: Korte, Hermann / Schäfers, Bernhard (Hrsg.): Einführung in Hauptbegriffe der Soziologie. Wiesbaden: VS Verlag für Sozialwissenschaften. S. 67 – 84.

Lob-Hüdepohl, Andreas (2002): Ethik in der Sozialen Arbeit. In: Deutscher Verein für öffentliche und private Fürsorge (Hrsg.): Fachlexikon der sozialen Arbeit. Frankfurt a.M.: Eigenverlag. S. 291 – 293.

Luff, Johannes (2000): Kriminalität von Aussiedlern – Polizeiliche Registrierung als Hinweis auf misslungene Integration? München: Bayrisches Landeskriminalamt.

Mammey, Ulrich / Schiener, Rolf (1998): Zur Eingliederung der Aussiedler in die Gesellschaft der Bundesrepublik Deutschland. Opladen: Leske und Budrich.

Mayring, Philipp (2002): Einführung in die qualitative Sozialforschung. Weinheim: Beltz Verlag.

Mayring, Philipp (2007): Qualitative Inhaltsanalyse – Grundlagen und Techniken. Weinheim: Beltz Verlag.

Nestmann, Frank (1991): Beratung, soziale Netzwerke und soziale Unterstützung. In: Beck, Manfred / Brückner, Gerhard / Thiel, Heinz-Ulrich (Hrsg.): Psychosoziale Beratung: Klient/inn/en – Helfer/innen – Institutionen. Tübingen: dgvt-Verlag. S. 47 – 69.

Nestmann, Frank / Wehner, Karin (2008): Soziale Netzwerke von Kindern und Jugendlichen. In: Nestmann, Frank / Günther, Julia / Stiehler, Steve / Wehner, Karin / Werner, Jillian (Hrsg.): Kindernetzwerke – Soziale Beziehungen und soziale Unterstützung in Familie, Pflegefamilie und Heim. Tübingen: dgvt-Verlag. S. 11 – 40.

Noack, Wilfried (2008): Lebenslage und Integration von Aussiedlern und Aussiedlerinnen. In: Soziale Arbeit. Jahrgang 57. Nr. 4. S. 134 – 139.

Ostendorf, Heribert (Hrsg.) (2007): Kriminalität der Spätaussiedler – Bedrohung oder Mythos? Baden-Baden: Nomos Verlag.

Otto, Ulrich (Hrsg.) (2005): Mit Netzwerken professionell zusammen arbeiten – Soziale Netzwerke in Lebenslauf- und Lebenslagenperspektive. Tübingen: dgvt-Verlag.

Petermann, Sören (2002): Persönliche Netzwerke in Stadt und Land. Wiesbaden: Westdeutscher Verlag.

Rauschenbach, Thomas / Züchner, Ivo (2002): Sozialarbeit / Sozialpädagogik: In: Deutscher Verein für öffentliche und private Fürsorge (Hrsg.): Fachlexikon der sozialen Arbeit. Frankfurt a.M.: Eigenverlag. S. 842 – 846.

Reich, Kerstin (2005): Integrations- und Desintegrationsprozesse junger männlicher Aussiedler aus der GUS – Eine Bedingungsanalyse auf sozial-lerntheoretischer Basis. Münster: Lit Verlag.

Reitemeier, Ulrich (2006a): Im Wechselbad der kulturellen Identitäten. Identifizierungs- und De-Identifizierungsprozesse bei russlanddeutschen Aussiedlern. In: Ipsen-Peitzmeier / Kaiser, Markus (Hrsg.): Zuhause fremd – Russlanddeutsche zwischen Russland und Deutschland. Bielefeld: transcript Verlag. S. 223-239.

Reitemeier, Ulrich (2006b): Aussiedler treffen auf Einheimische – Paradoxien der interaktiven Identitätsarbeit und Vorenthaltung der Marginalitätszuschreibung in Situationen zwischen Aussiedlern und Binnendeutschen. Tübingen: Gunter Narr Verlag.

Retterath, Hans-Werner (2006): Chancen der Koloniebildung im Integrationsprozess russlanddeutscher Aussiedler? In: Ipsen-Peitzmeier, Sabine / Kaiser, Markus (Hrsg.): Zuhause fremd – Russlanddeutsche zwischen Russland und Deutschland. Bielefeld: transcript Verlag. S. 129-149.

Schafer, Andrea / Schenk, Liane / Kühn, Günter (1995): Arbeitslosigkeit, Befindlichkeit und Bildungsbereitschaft von Aussiedlern. Frankfurt a.M. Peter Lang Verlag.

Schaffer, Hanne (2002): Empirische Sozialforschung für die Soziale Arbeit – Eine Einführung. Freiburg i.B.: Lambertus Verlag.

Schmidt-Bernhardt, Angela (2008): Jugendliche Spätaussiedlerinnen – Bildungserfolge im Verborgenen. Marburg: Tectum Verlag.

Schmitt-Rodermund, Eva (1999): Zur Geschichte der Deutschen in den Ländern des ehemaligen Ostblocks. In: Silbereisen, Rainer K. / Lantermann, Ernst-Dieter / Schmitt-Rodermund, Eva (Hrsg.): Aussiedler in Deutschland – Akkulturation von Persönlichkeit und Verhalten. Opladen: Leske und Budrich. S. 49 – 66.

Schneider, Notker (2002): Ethik. In: Deutscher Verein für öffentliche und private Fürsorge (Hrsg.): Fachlexikon der sozialen Arbeit. Frankfurt a.M.: Eigenverlag. S. 291.

Schnell, Rainer / Hill, Paul B. / Esser, Elke (2005): Methoden der empirischen Sozialforschung. München: R. Oldenbourg Verlag.

Schnepp, Wilfried (2002): Familiale Sorge in der Gruppe der russlanddeutschen Spätaussiedler. Bern: Verlag Hans Huber.

Schönig, Werner (2008): Sozialraumorientierung – Grundlagen und Handlungsansätze. Schwalbach: Wochenschau-Verlag.

Schürmann, Alice (2007): Aussiedler mit Suchterkrankungen – Ursachen und Wirkung. Saarbrücken: VDM Verlag Dr. Müller.

Srur, Nadya / Meinhardt, Rolf / Tielking, Knut (2005): Streetwork und Case Management in der Suchthilfe für Aussiedlerjugendliche. Oldenburg: bis Verlag.

Statistisches Bundesamt (Hrsg.) (2008): Datenreport 2008 – Ein Sozialbericht für die Bundesrepublik Deutschland. Bonn: Bundeszentrale für politische Bildung.

Staub-Bernasconi, Silvia (1994): Das fachliche Selbstverständnis Sozialer Arbeit – Wege aus der Bescheidenheit – Soziale Arbeit als „Human Rights Profession". In: Wendt, Wolf Rainer (Hrsg.): Sozial und wissenschaftlich arbeiten: Status und Position der Sozialarbeitswissenschaft. Freiburg i.B.: Lambertus Verlag. S. 57 – 104.

Stecher, Ludwig (2001): Die Wirkung sozialer Beziehungen – Empirische Ergebnisse zur Bedeutung sozialen Kapitals für die Entwicklung von Kindern und Jugendlichen. Weinheim: Juventa Verlag.

Stegbauer, Christian (Hrsg.) (2008): Netzwerkanalyse und Netzwerktheorie – Ein neues Paradigma in den Sozialwissenschaften. Wiesbaden: VS Verlag für Sozialwissenschaften.

Stimmer, Franz (2006): Grundlagen des methodischen Handelns in der Sozialen Arbeit. Stuttgart: Verlag W. Kohlhammer.

Straus, Florian (1990): Netzwerkarbeit – Die Netzwerkperspektive in der Praxis. In: Textor, Martin (Hrsg.): Hilfen für Familien – Ein Handbuch für psychosoziale Berufe. Frankfurt a.M.: Fischer Taschenbuch Verlag. S. 496 – 520.

Straus, Florian (2002): Netzwerkanalysen – Gemeindepsychologische Perspektiven für Forschung und Praxis. Wiesbaden: Deutscher Universitätsverlag.

Straus, Florian (2004): EGONET-QF – Ein Manual zur egozentrierten Netzwerkanalyse für die qualitative Forschung. München: IPP-Broschüre.

Veil, Mechthild (1996): Das Konzept der Lebenslage – Neue Hoffnung für die Sozialarbeit? In: Nickolai, Werner / Kawamura, Gabriele / Krell, Wolfgang / Reindl, Richard (Hrsg.): Straffällig – Lebenslagen und Lebenshilfen. Freiburg i.B.: Lambertus Verlag. S. 12 – 25.

Vogelsang, Waldemar (2008): Jugendliche Aussiedler – Zwischen Entwurzelung, Ausgrenzung und Integration. Weinheim: Juventa Verlag.

Volz, Fritz-Rüdiger (2000): Professionelle Ethik in der Sozialen Arbeit zwischen Ökonomisierung und Moralisierung. In: Wilken, Udo (Hrsg.): Soziale Arbeit zwischen Ethik und Ökonomie. Freiburg i.B.: Lambertus Verlag. S. 207 – 221.

Wehmann, Mareike (1999): Freizeitorientierung jugendlicher Aussiedler und Aussiedlerinnen. In: Bade, Klaus J. / Oltmer, Jochen (Hrsg.): Aussiedler: Deutsche Einwanderer aus Osteuropa. Osnabrück: Universitätsverlag Rasch. S. 207 – 226.

Weiss, Karin / Thränhardt, Dietrich (2005): Selbsthilfe, Netzwerke und soziales Kapital in der pluralistischen Gesellschaft. In: Weiss, Karin / Thränhardt, Dietrich (Hrsg.): SelbstHilfe – Wie Migranten Netzwerke knüpfen und soziales Kapital schaffen. Freiburg i.B.: Lambertus Verlag. S. 8 – 44.

Wendt, Wolf Rainer (1982): Ökologie und Soziale Arbeit. Stuttgart: Ferdinand Enke Verlag.

Wendt, Wolf Rainer (1986): Die ökosoziale Aufgabe: Haushalten im Lebenszusammenhang. In: Mühlum, Albert / Olschowy, Gerhard / Oppl, Hubert / Wendt, Wolf Rainer (Hrsg.): Umwelt Lebenswelt – Beiträge zu Theorie und Praxis ökosozialer Arbeit. Frankfurt a.M.: Verlag Moritz Diesterweg. S. 7 – 84.

Wendt, Wolf Rainer (1990): Ökosozial Denken und Handeln – Grundlagen und Anwendungen in der Sozialarbeit. Freiburg i.B.: Lambertus Verlag.

Wendt, Wolf Rainer (Hrsg.) (1991): Unterstützung fallweise – Case Management in der Sozialen Arbeit. Freiburg i.B.: Lambertus Verlag.

Wendt, Wolf Rainer / Löcherbach, Peter (Hrsg.) (2009): Standards und Fachlichkeit im Case Management. Heidelberg: Economica-Verlag.

Westphal, Manuela (1999): familiäre und berufliche Orientierung von Aussiedlerinnen. In: Bade, Klaus J. / Oltmer, Jochen (Hrsg.): Aussiedler: Deutsche Einwanderer aus Osteuropa. Osnabrück: Universitätsverlag Rasch. S. 127 – 149.

Winter-Heider, Christiane E. (2009): Mutterland Wort – Sprache, Spracherwerb und Identität vor dem Hintergrund von Entwurzelung. Frankfurt a.M.: Brandes und Apsel.

Zdun, Steffen (2007): Männlichkeit und Identität in der Straßenkultur junger Russlanddeutscher. In: Migration und Soziale Arbeit. Jahrgang 29. Nr. 1. S. 50 – 59.

UNSER BUCHTIPP !

Viviane Nabi Acho

Elternarbeit mit Migrantenfamilien
Wege zur Förderung der nachhaltigen und aktiven Beteiligung von Migranteneltern an Elternabenden und im Elternbeirat

Migration und Lebenswelten Bd. 2, 2011, 138 S.,
ISBN 978-3-86226-039-3, € 17,80

Die Einbindung von Migranteneltern an Erziehungs- und Bildungseinrichtungen, in der Gemeinwesenarbeit sowie in der Jugendhilfe im Sinne von Elternarbeit hat anspruchsvolle Aufgaben zu bewältigen: Zuwanderer sollten verstärkt unter anderem an Kindertagesstätten, Kindergärten und Schulen einbezogen werden; zumal der Schulerfolg bzw. der soziale Aufstieg, den sie ihren Kindern wünschen, von ihrem Engagement im aktuellen deutschen Schulsystem stark abhangt. Doch wie kann eine solche Partizipation entfacht bzw. nachhaltig gesteigert werden? Die in diesem Buch enthaltenen Aussagen von betreffenden Erziehungsberechtigten aus verschiedenen Kontinenten geben hilfsreiche Hinweise zu dieser Fragestellung.

☞ **Besuchen Sie unsere Internetseite!**

www.centaurus-verlag.de

UNSERE BUCHTIPPS !

■ Dinah Kohan
Migration und Behinderung: eine doppelte Belastung?
Eine empirische Studie zu jüdischen, aus der Sowjetunion stammenden Familien mit einem geistig behinderten Familienmitglied
Beiträge zur gesellschaftswissenschaftlichen Forschung, Band 25, 2011, ca. 300 S.,
ISBN 978-3-86226-044-7, € 24,80

■ Ilhami Atabay
„Ich bin Sohn meiner Mutter"
Elterliches Bindungsverhalten und männliche Identitätsbildung in türkeistämmigen Familien
Münchner Studien zur Kultur- und Sozialpsychologie, Band 19, 2010, 165 S.,
ISBN 978-3-86226-014-0, € 18,90

■ Oğuzhan Yazici
Jung, männlich, türkisch – gewalttätig?
Eine Studie über gewalttätige Männlichkeitsinszenierungen türkischstämmiger Jugendlicher im Kontext von Ausgrenzung und Kriminalisierung
Schriften zum Jugendrecht und zur Jugend-Kriminologie, Band 8, 2011, 210 S.,
ISBN 978-3-86226-040-9, € 22,80

■ Karl Mueller
Wenn Heimerziehung scheitert oder schwierige Jugendliche nicht mehr können
Reihe Pädagogik, Band 36, 2010, 438 S.,
ISBN 978-3-86226-003-4, € 24,90

■ Anissa Norman
„Migrationshintergrund ist halt auch irgendwie Thema"
Eltern mit Migrationshintergrund im Kontext der stationären Kinder- und Jugendhilfe
Reihe Pädagogik, Bd. 35, 2010, 195 S.,
ISBN 978-3-8255-0767-1, € 22,00

■ Elisa Bader
Bildungschancen und -ambitionen türkischer MigrantInnen
Vor dem Hintergrund divergierender institutioneller Konzepte im Umgang mit Migrationseltern in Deutschland und Australien
Reihe Pädagogik, Bd. 34, 2010, 120 S.,
ISBN 978-3-8255-0760-2, € 18,00

■ Hans Reinhard Schmidt
Ich lerne wie ein Zombie
Plädoyer für das Abschaffen von ADHS
Reihe Psychologie, Band 40, 2010, 332 S.,
ISBN 978-3-86226- 010-2, € 16,80

www.centaurus-verlag.de

MIX
Papier aus verantwortungsvollen Quellen
Paper from responsible sources
FSC® C105338

If you have any concerns about our products,
you can contact us on
ProductSafety@springernature.com

In case Publisher is established outside the EU,
the EU authorized representative is:
**Springer Nature Customer Service Center GmbH
Europaplatz 3, 69115 Heidelberg, Germany**

Printed by Libri Plureos GmbH
in Hamburg, Germany